Friedrich Hölderlin

BALD SIND WIR ABER GESANG

Friedrich Hölderlin entzieht sich allen Kategorisierungen, erst recht seit sein Werk durch die kritischen Ausgaben aus dem handschriftlichen Nachlass von gefälligen Glättungen befreit wurde. Navid Kermani, dessen Name seit seinen fulminanten Frankfurter Poetikvorlesungen von 2011 mit Hölderlin verbunden wird, legt hier erstmals eine Auswahl auf der Höhe der modernen Editionen vor. Sie geht über die berühmten Gedichte hinaus und erschließt den Lyriker, Roman- und Dramenautor, Literaturtheoretiker, Briefeschreiber, Liebhaber, Propheten, Mystiker und Wahnsinnigen in der ganzen Breite seines Schaffens. Berühmte Gedichte Hölderlins stehen so neben unbekannteren, aber nicht weniger grandiosen Texten, die fremdartig und zugleich unmittelbar zu uns sprechen. Ganz in den Nöten der irdischen Existenz befangen, schuf Friedrich Hölderlin in kaum mehr als zehn Jahren, zwischen 1795 und 1806, das eine Werk in deutscher Sprache, das in einer Reihe mit den großen Offenbarungen der Welt steht.

Friedrich Hölderlin

BALD SIND WIR ABER GESANG

Eine Auswahl aus seinen Werken und Briefen
Von Navid Kermani

C.H.BECK textura

Die Hölderlin-Texte folgen der dreibändigen Ausgabe
«Sämtliche Werke und Briefe», herausgegeben von Michael Knaupp,
Carl Hanser Verlag, München 1992/93.

Die Auswahl ist im engen Austausch mit Carl Hegemann entstanden.

Die Reihe *textura* wurde vom Verlag Langewiesche-Brandt
(Ebenhausen bei München) begründet und wird seit dem Jahr 2010
vom Verlag C.H.Beck fortgeführt.

www.navidkermani.de

Inhalt

GEDICHTE

An die klugen Rathgeber.

Ich sollte nicht i'm Lebensfelde ringen,
So lang mein Herz nach höchster Schöne strebt,
Ich soll mein Schwanenlied a'm Grabe singen,
Wo ihr so gern lebendig uns begräbt?
O! schonet mein und laßt das rege Streben,
Bis seine Fluth in's fernste Meer sich stürzt,
Laßt immerhin, ihr Ärzte, laßt mich leben,
So lang die Parze nicht die Bahn verkürzt.

Des Weins Gewächs verschmäht die kühlen Thale,
Hesperiens beglükter Garten bringt
Die goldnen Früchte nur im heißen Strahle,
Der, wie ein Pfeil, in's Herz der Erde dringt;
Was warnt ihr dann, wenn stolz und ungeschändet
Des Menschen Herz von kühnem Zorn entbrennt,
Was nimmt ihr ihm, der nur im Kampf vollendet,
Ihr Weichlinge, sein glühend Element?

Er hat das Schwerdt zum Spiele nicht genommen,
Der Richter, der die alte Nacht verdammt,
Er ist zum Schlafe nicht herabgekommen,
Der reine Geist, der aus dem Aether stammt;
Er strahlt heran, er schrökt, wie Meteore,
Befreit und bändigt, ohne Ruh' und Sold,
Bis, wiederkehrend durch des Himmels Thore,
Sein Kämpferwagen i'm Triumphe rollt.

Und ihr, ihr wollt des Rächers Arme lähmen,
Dem Geiste, der mit Götterrecht gebeut,
Bedeutet ihr, sich knechtisch zu bequemen,
Nach eures Pöbels Unerbittlichkeit?
Das Irrhaus wählt ihr euch zum Tribunale,
Dem soll der Herrliche sich unterzieh'n,
Den Gott in uns, den macht ihr zum Scandale,
Und sezt den Wurm zum König über ihn. –

Sonst ward der Schwärmer doch ans Kreuz geschlagen,
Und oft in edlem Löwengrimme rang
Der Mensch an donnernden Entscheidungstagen,
Bis Glük und Wuth das kühne Recht bezwang;
Ach! wie die Sonne, sank zur Ruhe nieder
Wer unter Kampf ein herrlich Werk begann,
Er sank und morgenrötlich hub er wieder
In seinen Lieblingen zu leuchten an.

Jezt blüht die neue Kunst, das Herz zu morden,
Zum Todesdolch in meuchlerischer Hand
Ist nun der Rath des klugen Manns geworden,
Und furchtbar, wie ein Scherge, der Verstand;
Bekehrt von euch zu feiger Ruhe, findet
Der Geist der Jünglinge sein schmählich Grab,
Ach! ruhmlos in die Nebelnächte schwindet
Aus heitrer Luft manch schöner Stern hinab.

Umsonst, wenn auch der Geister Erste fallen,
Die starken Tugenden, wie Wachs, vergehn,
Das Schöne muß aus diesen Kämpfen allen,
Aus dieser Nacht der Tage Tag entstehn;

Begräbt sie nur, ihr Todten, eure Todten!
Indeß ihr noch die Leichenfakel hält,
Geschiehet schon, wie unser Herz geboten,
Bricht schon herein die neue beßre Welt.

Da ich ein Knabe war …

Da ich ein Knabe war,
  Rettet' ein Gott mich oft
    Vom Geschrei und der Ruthe der Menschen,
      Da spielt' ich sicher und gut
        Mit den Blumen des Hains,
          Und die Lüftchen des Himmels
          Spielten mit mir.

Und wie du das Herz
Der Pflanzen erfreust,
Wenn sie entgegen dir
Die zarten Arme streken,

So hast du mein Herz erfreut
Vater Helios! und, wie Endymion,
War ich dein Liebling,
Heilige Luna!

O all ihr treuen
Freundlichen Götter!
Daß ihr wüßtet,
Wie euch meine Seele geliebt!

Zwar damals rieff ich noch nicht
Euch mit Nahmen, auch ihr
Nanntet mich nie, wie die Menschen sich nennen
Als kennten sie sich.

Doch kannt' ich euch besser,
Als ich je die Menschen gekannt,
Ich verstand die Stille des Aethers
Der Menschen Worte verstand ich nie.

Mich erzog der Wohllaut
Des säuselnden Hains
Und lieben lernt' ich
Unter den Blumen.

Im Arme der Götter wuchs ich groß.

An Diotima.

Schönes Leben! du lebst, wie die zarten Blüthen im Winter,
   In der gealterten Welt blühst du verschlossen, allein.
Liebend strebst du hinaus, dich zu sonnen am Lichte
                              des Frühlings,
   Zu erwarmen an ihr suchst du die Jugend der Welt.
Deine Sonne, die schönere Zeit, ist untergegangen
   Und in frostiger Nacht zanken Orkane sich nun.

Gebet für die Unheilbaren.

Eil, o zaudernde Zeit, sie ans Ungereimte zu führen,
 Anders belehrest du sie nie wie verständig sie sind.
Eile, verderbe sie ganz, und führ' ans furchtbare Nichts sie,
 Anders glauben sie dir nie, wie verdorben sie sind.
Diese Thoren bekehren sich nie, wenn ihnen nicht
                                    schwindelt,
  Diese   sich nie, wenn sie Verwesung nicht sehn.

An die Parzen.

Nur Einen Sommer gönnt, ihr Gewaltigen!
 Und einen Herbst zu reifem Gesange mir,
  Daß williger mein Herz, vom süßen
   Spiele gesättiget, dann mir sterbe.

Die Seele, der im Leben ihr göttlich Recht
 Nicht ward, sie ruht auch drunten im Orkus nicht;
  Doch ist mir einst das Heil'ge, das am
   Herzen mir liegt, das Gedicht gelungen,

Willkommen dann, o Stille der Schattenwelt!
 Zufrieden bin ich, wenn auch mein Saitenspiel
  Mich nicht hinab geleitet; Einmal
   Lebt ich, wie Götter und mehr bedarfs nicht.

Menschenbeifall.

Ist nicht heilig mein Herz, schöneren Lebens voll,
  Seit ich liebe? warum achtetet ihr mich mehr,
    Da ich stolzer und wilder,
      Wortereicher und leerer war?

Ach! der Menge gefällt, was auf den Marktplaz taugt,
  Und es ehret der Knecht nur den Gewaltsamen;
    An das Göttliche glauben
      Die allein, die es selber sind.

Der Zeitgeist.

Zu lang schon waltest über dem Haupte mir
  Du in der dunkeln Wolke, du Gott der Zeit!
    Zu wild, zu bang ist's ringsum, und es
      Trümmert und wankt ja, wohin ich blike.

Ach! wie ein Knabe, seh' ich zu Boden oft,
  Such' in der Höhle Rettung vor dir, und möcht'
    Ich Blöder, eine Stelle finden,
      Alleserschütt'rer! wo du nicht wärest.

Lass' endlich, Vater! offenen Aug's mich dir
  Begegnen! hast denn du nicht zuerst den Geist
    Mit deinem Stral aus mir gewekt? mich
      Herrlich an's Leben gebracht, o Vater! –

Wohl keimt aus jungen Reben uns heil'ge Kraft;
  In milder Luft begegnet den Sterblichen,
    Und wenn sie still im Haine wandeln,
      Heiternd ein Gott; doch allmächt'ger wekst du

Die reine Seele Jünglingen auf, und lehrst
  Die Alten weise Künste; der Schlimme nur
    Wird schlimmer, daß er bälder ende,
      Wenn du, Erschütterer! ihn ergreiffest.

Die Sprache –

Im Gewitter spricht der
  Gott.
      Öfters hab' ich die Sprache
        sie sagten der Zorn
        sei genug und gelte
        für den Apollo –
        Hast du Liebe genug
        so zürn aus Liebe
          nur immer
Öfters hab' ich Gesang
versucht, aber sie hörten
dich nicht. Denn so wollte
die heil'ge Natur. Du sangest
du für sie in deiner Jugend
nicht singend
Du sprachest zur Gottheit,
aber diß habt ihr all ver-
gessen, daß immer die Erst-

linge Sterblichen nicht,
daß sie den Göttern
gehören.
Gemeiner muß alltäglicher muß
die Frucht erst werden, dann wird
sie den Sterblichen eigen.

Wie wenn am Feiertage ...

Wie wenn am Feiertage, das Feld zu sehn
Ein Landmann geht, des Morgens, wenn
Aus heißer Nacht die kühlenden Blize fielen
Die ganze Zeit und fern noch tönet der Donner,
In sein Gestade wieder tritt der Strom,
Und frisch der Boden grünt
Und von des Himmels erfreuendem Reegen
Der Weinstok trauft und glänzend
In stiller Sonne stehn die Bäume des Haines:

So stehn sie unter günstiger Witterung,
Sie die kein Meister allein, die wunderbar
Allgegenwärtig erzieht in leichtem Umfangen
Die mächtige, die göttlichschöne Natur.
Drum wenn zu schlafen sie scheint zu Zeiten des Jahrs
Am Himmel oder unter den Pflanzen oder den Völkern
So trauert der Dichter Angesicht auch,
Sie scheinen allein zu seyn, doch ahnen sie immer.
Denn ahnend ruhet sie selbst auch.

Jezt aber tags! Ich harrt und sah es kommen,
Und was ich sah, das Heilige sei mein Wort.
Denn sie, sie selbst, die älter denn die Zeiten
Und über die Götter des Abends und Orients ist,
Die Natur ist jezt mit Waffenklang erwacht,
Und hoch vom Aether bis zum Abgrund nieder
Nach vestem Geseze, wie einst, aus heiligem Chaos gezeugt,
Fühlt neu die Begeisterung sich,
Die Allerschaffende wieder.

Und wie im Aug' ein Feuer dem Manne glänzt,
Wenn hohes er entwarf; so ist
Von neuem an den Zeichen, den Thaten der Welt jezt
Ein Feuer angezündet in Seelen der Dichter.
Und was zuvor geschah, doch kaum gefühlt,
Ist offenbar erst jezt,
Und die uns lächelnd den Aker gebauet,
In Knechtsgestalt, sie sind erkannt,
Die Allebendigen, die Kräfte der Götter.

Erfrägst du sie? im Liede wehet ihr Geist
Das auch der Sonne, wie Blumen und dunkler Erd
Entwächst, und Wettern, die in der Luft, und andern
Die vorbereiteter in Tiefen der Zeit,
Und deutungsvoller, und vernehmlicher uns
Hinwandeln zwischen Himmel und Erd und unter den Völkern
Des gemeinsamen Geistes Gedanken sind,
Still endend in der Seele des Dichters,

Daß schnellbetroffen sie, Unendlichem
Bekannt seit langer Zeit, von Erinnerung
Erbebt, und ihr, von heilgem Stral entzündet,
Die Frucht in Liebe geboren, der Götter und Menschen Werk
Der Gesang, damit er beiden zeuge, glükt.
So fiel, wie Dichter sagen, da sie sichtbar
Den Gott zu sehen begehrte, sein Bliz auf Semeles Haus
Und die Asche der göttlichgetroffnen gebahr,
Die Frucht des Gewitters, den heiligen Bacchus.

Und daher trinken himmlisches Feuer jezt
Die Erdensöhne ohne Gefahr.
Doch uns gebührt es, unter Gottes Gewittern,
Ihr Dichter! mit entblößtem Haupte zu stehen,
Des Vaters Stral, ihn selbst, mit eigner Hand
Zu fassen und dem Volk' ins Lied
Gehüllt die himmlische Gaabe zu reichen.
Denn sind nur reinen Herzens,
Wie Kinder, wir, sind schuldlos unsere Hände

Des Vaters Stral, der reine versengt es nicht
Und tieferschüttert, die Leiden des Stärkeren
Mitleidend, bleibt in den hochherstürzenden Stürmen
Des Gottes, wenn er nahet, das Herz doch fest.
Doch weh mir! wenn von

Und sag ich gleich,

Ich sei genaht, die Himmlischen zu schauen,
Sie selbst, sie werfen mich tief unter die Lebenden

Den falschen Priester, ins Dunkel, daß ich
Das warnende Lied den Gelehrigen singe.
Dort

Der blinde Sänger.

Ελυσεν αινον αχος απ' ομματων Αρης.

Sophokles.

Wo bist du, Jugendliches! das immer mich
    Zur Stunde wekt des Morgens, wo bist du, Licht!
        Das Herz ist wach, doch bannt und hält in
            Heiligem Zauber die Nacht mich immer.
Sonst lauscht' ich um die Dämmerung gern, sonst harrt'
    Ich gerne dein am Hügel, und nie umsonst!
        Nie täuschten mich, du Holdes, deine
            Boten, die Lüfte, denn immer kamst du,
Kamst allbeseeligend den gewohnten Pfad
    Herein in deiner Schöne, wo bist du, Licht!
        Das Herz ist wieder wach, doch bannt und
            Hemmt die unendliche Nacht mich immer.

Mir grünten sonst die Lauben; es leuchteten
    Die Blumen, wie die eigenen Augen, mir;
        Nicht ferne war das Angesicht der
            Meinen und leuchtete mir und droben
Und um die Wälder sah ich die Fittige
    Des Himmels wandern da ich ein Jüngling war;
        Nun siz ich still allein, von einer
            Stunde zur anderen und Gestalten

Aus Lieb und Laid der helleren Tage schafft
Zur eignen Freude nun mein Gedanke sich,
Und ferne lausch' ich hin, ob nicht ein
Freundlicher Retter vieleicht mir komme.

Dann hör ich oft die Stimme des Donnerers
Am Mittag, wenn der eherne nahe kommt,
Wenn ihm das Haus bebt und der Boden
Unter ihm dröhnt und der Berg es nachhallt.
Den Retter hör' ich dann in der Nacht, ich hör'
Ihn tödtend, den Befreier, belebend ihn,
Den Donnerer vom Untergang zum
Orient eilen und ihm nach tönt ihr
Ihm nach, ihr meine Saiten! es lebt mit ihm
Mein Lied und wie die Quelle dem Strome folgt,
Wohin er denkt, so muß ich fort und
Folge dem Sicheren auf der Irrbahn.
Wohin? wohin? ich höre dich da und dort
Du Herrlicher! und rings um die Erde tönts.
Wo endest du? und was, was ist es
Über den Wolken und o wie wird mir?

Tag! Tag! du über stürzenden Wolken! sei
Willkommen mir! es blühet mein Auge dir.
O Jugendlicht! o Glük! das alte
Wieder! doch geistiger rinnst du nieder
Du goldner Quell aus heiligem Kelch! und du,
Du grüner Boden, friedliche Wieg'! und du,
Haus meiner Väter! und ihr Lieben,
Die mir begegneten einst, o nahet

O kommt, daß euer, euer die Freude sei,
    Ihr alle, daß euch seegne der Sehende!
O nimmt, daß ich's ertrage, mir das
    Leben, das Göttliche mir vom Herzen.

Elegie.

Täglich geh' ich heraus und such' ein Anderes immer,
    Habe längst sie befragt, alle die Pfade des Lands;
Droben die kühlenden Höhn, die Schatten alle besuch' ich,
    Und die Quellen; hinauf irret der Geist und hinab,
Ruh' erbittend; so flieht das getroffene Wild in die Wälder,
    Wo es um Mittag sonst sicher im Dunkel geruht;
Aber nimmer erquikt sein grünes Laager das Herz ihm
    Wieder und schlummerlos treibt es der Stachel umher.
Nicht die Wärme des Lichts und nicht die Kühle der Nacht
                                                    hilft
    Und in Woogen des Stroms taucht es die Wunden umsonst.
Ihm bereitet umsonst die Erd' ihr stärkendes Heilkraut
    Und sein schäumendes Blut stillen die Lüftchen umsonst.
Wehe! so ists auch, so, ihr Todesgötter! vergebens,
    Wenn ihr ihn haltet und vest habt den bezwungenen Mann,
Wenn ihr einmal hinab in eure Nacht ihn gerissen,
    Dann zu suchen zu flehn, oder zu zürnen mit euch,
Oder geduldig auch wohl in euren Banden zu wohnen
    Und mit Lächeln von euch hören das furchtbare Lied.
Denn bestehn, wie anderes, muß in seinem Geseze,
    Immer altern und nie enden das schaurige Reich.
Aber noch immer nicht, o meine Seele! noch kannst dus
    Nicht gewohnen und träumst mitten im eisernen Schlaf.

Tag der Liebe! scheinest du auch den Todten, du goldner!
	Bilder aus hellerer Zeit leuchtet ihr mir in die Nacht?
Liebliche Gärten, seid, ihr abendröthlichen Berge,
	Seid willkommen, und ihr, schweigende Pfade des Hains.
Zeugen himmlischen Glüks! und ihr, allschauende Sterne,
	Die mir damals oft seegnende Blike gegönnt!
Euch, ihr Liebenden, auch, ihr schönen Kinder des Frühlings,
	Stille Rosen und euch, Lilien! nenn' ich noch oft, –
Ihr Vertrauten! ihr Lebenden all', einst nahe dem Herzen,
	Einst wahrhaftiger, einst heller und schöner gesehn!
Tage kommen und gehn, ein Jahr verdränget das andre,
	Wechselnd und streitend; so tost furchtbar vorüber die Zeit
Über sterblichem Haupt, doch nicht vor seeligen Augen,
	Und den Liebenden ist anderes Leben gewährt.
Denn sie alle die Tag' und Stunden und Jahre der Sterne
	Und der Menschen, zur Lust anders und anders bekränzt
Fröhlicher, ernster, sie all', als ächte Kinder des Aethers
	Lebten, in Wonne vereint, innig und ewig um uns.
Aber wir, unschädlich gesellt, wie die friedlichen Schwäne,
	Wenn sie ruhen am See, oder auf Wellen gewiegt,
Niedersehn in die Wasser, wo silberne Wolken sich spiegeln,
	Und das himmlische Blau unter den Schiffenden wallt,
So auf Erden wandelten wir. Und drohte der Nord auch,
	Er, der Liebenden Feind, sorgenbereitend, und fiel
Von den Aesten das Laub und flog im Winde der Reegen,
	Lächelten ruhig wir, fühlten den Gott und das Herz
Unter trautem Gespräch, im hellen Seelengesange,
	So im Frieden mit uns kindlich und seelig allein.

Ach! wo bist du, Liebende, nun? Sie haben mein Auge
  Mir genommen, mein Herz hab' ich verloren mit ihr.
Darum irr' ich umher, und wohl, wie die Schatten, so muß ich
  Leben und sinnlos dünkt lange das Übrige mir.
Danken möcht' ich, aber wofür? verzehret das Lezte
  Selbst die Erinnerung nicht? nimmt von der Lippe denn
                                                    nicht
Bessere Rede mir der Schmerz, und lähmet ein Fluch nicht
  Mir die Sehnen und wirft, wo ich beginne, mich weg?
Daß ich fühllos size den Tag und stumm, wie die Kinder,
  Nur vom Auge mir kalt öfters die Tropfe noch schleicht,
Und in schaudernder Brust die allerwärmende Sonne
  Kühl und fruchtlos mir dämmert, wie Stralen der Nacht,
Sonst mir anders bekannt! O Jugend! und bringen Gebete
  Dich nicht wieder, dich nie? führet kein Pfad mich zurük?
Soll es werden auch mir, wie den Tausenden, die in den Tagen
  Ihres Frühlings doch auch ahndend und liebend gelebt,
Aber am trunkenen Tag von den rächenden Parzen ergriffen,
  Ohne Klag' und Gesang heimlich hinuntergeführt
Dort im allzunüchternen Reich, dort büßen im Dunkeln,
  Wo bei trügrischem Schein irres Gewimmel sich treibt,
Wo die langsame Zeit bei Frost und Dürre sie zählen,
  Nur in Seufzern der Mensch noch die Unsterblichen preist?

Aber o du, die noch am Scheidewege mir damals,
  Da ich versank vor dir tröstend ein Schöneres wies,
Du, die Großes zu sehn und die schweigenden Götter
                                                    zu singen,
  Selber schweigend mich einst stillebegeisternd gelehrt,

Götterkind! erscheinest du mir und grüßest, wie einst, mich,
   Redest wieder, wie einst Leben und Frieden mir zu?
Siehe, weinen vor dir und klagen muß ich, wenn schon noch
   Denkend der edleren Zeit, dessen die Seele sich schämt.
Denn zu lange, zu lang' auf matten Pfaden der Erde
   Bin ich, deiner gewohnt, einsam gegangen indeß,
O mein Schuzgeist! denn wie der Nord die Wolke
                  des Herbsttags
   Scheuchten von Ort zu Ort feindliche Geister mich fort.
So zerrann mein Leben, ach! so ists anders geworden,
   Seit o Liebe, wir einst giengen am ruhigen Strom.
Aber dich, dich erhielt dein Licht, o Heldin! im Lichte,
   Und dein Dulden erhielt liebend, o Himmlische! dich.
Und sie selbst, die Natur und ihre melodischen Musen
   Sangen aus heimischen Höhn Wiegengesänge dir zu.
Noch, noch ist sie es ganz! noch schwebt vom Haupte
                 zur Sohle
   Stillhinwandelnd, wie sonst, mir die Athenerin vor.
Seelig, seelig ist sie! denn es scheut die Kinder des Himmels
   Selbst der Orkus, es rinnt, gleich den Unsterblichen selbst,
Ihnen der milde Geist von heitersinnender Stirne,
   Wo sie auch wandeln und sind, seegnend und sicher herab.

Darum möcht', ihr Himmlischen! euch ich danken und
                 endlich
   Tönet aus leichter Brust wieder des Sängers Gebet.
Und, wie wenn ich mit ihr auf Bergeshöhen mit ihr stand,
   Wehet belebend auch mich, göttlicher Othem mich an.
Leben will ich denn auch! schon grünen die Pfade der Erde
   Schöner und schöner schließt wieder die Sonne sich auf.

Komm! es war, wie ein Traum! die blutenden Fittige sind ja
    Schon genesen, verjüngt wachen die Hoffnungen all.
Dien' im Orkus, wem es gefällt! wir, welche die stille
    Liebe bildete, wir suchen zu Göttern die Bahn.
Und geleitet ihr uns, ihr Weihestunden! ihr ernsten,
    Jugendlichen! o bleibt, heilige Ahnungen, ihr,
Fromme Bitten, und ihr Begeisterungen, und all ihr
    Schönen Genien, die gerne bei Liebenden sind
Bleibet, bleibet mit uns, bis wir auf seeligen Inseln,
    Wo die Unsern vieleicht, Dichter der Liebe, mit uns,
Oder auch, wo die Adler sind, in Lüften des Vaters,
    Dort, wo die Musen, woher all' die Unsterblichen sind,
Dort uns staunend und fremd und bekannt uns wieder
                    begegnen,
Und von neuem ein Jahr unserer Liebe beginnt.

Stutgard.
An Siegfried Schmidt.
[Erste Fassung]

1.

Wieder ein Glük ist erlebt. Die gefährliche Dürre geneset,
    Und die Schärfe des Lichts senget die Blüthe nicht mehr.
Offen steht jezt wieder ein Saal, und gesund ist der Garten,
    Und von Reegen erfrischt, rauschet das glänzende Thal,
Hoch von Gewächsen, es schwellen die Bäch' und alle
                    gebundnen
    Fittige wagen sich wieder ins Reich des Gesangs.

Voll ist die Luft von Fröhlichen jezt und die Stadt und
                                                der Hain ist
    Rings von zufriedenen Kindern des Himmels erfüllt.
Gerne begegnen sie sich und irren untereinander,
    Sorgenlos, und es scheint keines zu wenig, zu viel.
Denn so ordnet das Herz es an und zu athmen die Anmuth,
    Sie, die geschikliche, schenkt ihnen ein göttlicher Geist.
Aber die Wanderer auch sind wohlgeleitet und haben
    Kränze genug und Gesang, haben den heiligen Stab
Vollgeschmükt mit Trauben und Laub bei sich und der Fichte
    Schatten; von Dorfe zu Dorf jauchzt es, von Tag zu Tag,
Und wie Wagen, bespannt mit freiem Wilde, so ziehn die
    Berge voran und so träget und eilet der Pfad.

2.

Aber meinest du nun, es haben die Thore vergebens
    Aufgethan und den Weg freudig die Götter gemacht?
Und es schenken umsonst zu des Gastmahls Fülle die Guten
    Nebst dem Weine noch auch Blumen und Honig und Obst?
Schenken das purpurne Licht zu Festgesängen und kühl und
    Ruhig zu tieferem Freundesgespräche die Nacht?
Hält ein Ernsteres dich, so spars dem Winter und willst du
    Freien, habe Gedult, Freier beglüket der Mai.
Jezt ist Anderes Noth, jezt komm' und feire des Herbstes
    Alte Sitte, noch jezt blühet die Edle mit uns.
Eins nur gilt für den Tag, das Vaterland und des Opfers
    Festlicher Flamme wirft jeder sein Eigenes zu.
Darum kränzt der gemeinsame Gott umsäuselnd das Haar uns,
    Und den eigenen Sinn schmelzet, wie Perlen, der Wein.

Diß bedeutet der Tisch, der geehrte, wenn, wie die Bienen,
  Rund um den Eichbaum, wir sizen und singen um ihn,
Diß der Pokale Klang und darum zwinget die wilden
  Seelen der streitenden Männer zusammen der Chor.

3.

Aber damit uns nicht, gleich Allzuklugen, entfliehe
  Diese neigende Zeit, komm' ich entgegen sogleich,
Bis an die Grenze des Lands, wo mir den lieben Geburtsort
  Und die Insel des Stroms blaues Gewässer umfließt.
Heilig ist mir der Ort, an beiden Ufern, der Fels auch,
  Der mit Garten und Haus grün aus den Wellen sich hebt.
Dort begegnen wir uns, o gütiges Licht, wo zuerst mich
  Deiner gefühlteren Stralen mich einer betraf.
Dort begann und beginnt das liebe Leben von neuem;
  Aber des Vaters Grab seh' ich und weine dir schon?
Wein' und halt' und habe den Freund und höre das Wort, das
  Einst mir in himmlischer Kunst Leiden der Liebe geheilt.
Andres erwacht! ich muß die Landesheroën ihm nennen!
  Barbarossa! dich auch, gütiger Kristoph, und dich,
Conradin! wie du fielst, so fallen Starke, der Epheu
  Grünt am Fels und die Burg dekt das bacchantische Laub,
Doch Vergangenes ist, wie Künftiges, heilig den Sängern,
  Und in Tagen des Herbsts sühnen die Schatten wir aus.

4.

So der Gewalt'gen gedenk und des herzerhebenden Schiksaals
  Thatlos selber und leicht, aber vom Aether doch auch

Angeschauet und fromm, wie die Alten, die göttlicherzognen
   Freudigen Dichter ziehn freudig das Land wir hinauf.
Groß ist das Werden umher. Dort von den äußersten Bergen
   Stammen der Jünglinge viel, steigen die Hügel herab.
Quellen rauschen von dort und hundert geschäfftige Bäche
   Kommen bei Tag und Nacht nieder und bauen das Land.
Aber der Meister pflügt in der Mitte des Landes, die Furchen
   Ziehet der Nekarstrom, ziehet den Seegen herab.
Und es kommen mit ihm Italiens Lüfte, die See schikt
   Ihre Wolken, sie schikt prächtige Sonnen mit ihm.
Darum wächset uns auch fast über das Haupt die gewaltge
   Fülle, denn hieher ward, hier in die Ebne das Gut
Reicher den Lieben gebracht, den Landesleuten, doch neidet
   Keiner an Bergen dort ihnen die Gärten, den Wein,
Oder das üppige Gras und das Korn und die glühenden Bäume,
   Die am Wege gereiht über den Wanderern stehn.

                              5.

Aber indeß wir schaun und die mächtige Freude durchwandeln,
   Fliehet der Weg und der Tag uns, wie den Trunkenen, hin.
Denn mit heiligem Laub umkränzt erhebet die Stadt schon
   Die gepriesene dort leuchtend ihr priesterlich Haupt.
Herrlich steht sie und hält den Rebenstab und die Tanne
   Hoch in die seeligen purpurnen Wolken empor.
Sei uns hold! dem Gast und dem Sohn, o Fürstin der Heimath!
   Glükliches Stutgard, nimm freundlich den Fremdling mir auf!
Immer hast du Gesang mit Flöten und Saiten gebilligt,
   Wie ich glaub' und des Lieds kindlich Geschwäz und der Mühn
Süße Vergessenheit bei gegenwärtigem Geiste,
   Drum erfreuest du auch gerne den Sängern das Herz.

Aber ihr, ihr Größeren auch, ihr Frohen, die allzeit
    Leben und walten, erkannt, oder gewaltiger auch,
Wenn ihr wirket und schafft in heiliger Nacht und allein
                    herrscht,
    Und allmächtig empor zieht ein ahnendes Volk,
Bis die Jünglinge sich der Väter droben erinnern,
    Mündig und hell vor euch steht der besonnene Mensch –

                        6.

Genien des Landes! o ihr, vor denen das Auge,
    Seis auch stark und das Knie bricht dem vereinzelten Mann,
Daß er halten sich muß an die Freund’ und bitten die Theuern,
    Daß sie tragen mit ihm all die beglükende Last,
Habt, o Gütige, Dank für den und alle die Andern,
    Die mein Leben, mein Gut unter den Sterblichen sind.
Aber die Nacht kommt! laß uns eilen, zu feiern das Herbstfest
    Heut noch! voll ist das Herz, aber das Leben ist kurz,
Und was uns der himmlische Tag zu sagen geboten,
    Das zu nennen, mein Schmidt! reichen wir beide nicht aus.
Trefliche bring ich dir und das Freudenfeuer wird hoch auf
    Schlagen und heiliger soll sprechen das kühnere Wort.
Siehe! da ist es rein! und des Gottes freundliche Gaaben
    Die wir theilen, sie sind zwischen den Liebenden nur,
Anderes nicht – o kommt! o macht es wahr! denn allein ja
    Bin ich und niemand nimmt mir von der Stirne den Traum?
Kommt und reicht, ihr Lieben, die Hand! das möge genug seyn,
    Aber die größere Lust sparen dem Enkel wir auf.

Heimkunft.

An die Verwandten.

[Erste Fassung]

1.

Drinn in den Alpen ists noch helle Nacht und die Wolke,
  Dekt, die träumende wohl drinnen das gähnende Thal.
Dahin, dorthin toset und stürzt die scherzende Bergluft,
  Schroff durch Tannen herab glänzet und schwindet ein Stral.
Langsam eilt und kämpft, das freudigschauernde Chaos,
  Jung an Gestalt, doch stark, feiert es liebenden Streit
Unter den Felsen, es gährt und wankt in den ewigen
                                          Schranken,
  Denn bacchantischer zieht drinnen der Morgen herauf.
Denn es wächst unendlicher dort das Jahr und die heilgen
  Stunden, die Tage, sie sind kühner geordnet gemischt.
Dennoch merket die Zeit der Gewittervogel und zwischen
  Bergen, hoch in der Luft weilt er und rufet den Tag.
Jezt auch wachet und schaut in der Tiefe drinnen das Dörflein
  Furchtlos, Hohem vertraut, unter den Gipfeln hinauf.
Wachstum ahnend, denn schon, wie Blize, fallen die alten
  Wasserquellen, der Grund unter den stürzenden dampft,
Echo tönet umher, und die unermeßliche Werkstatt
  Reget bei Tag und Nacht, Gaaben versendend, den Arm.

2.

Ruhig glänzen indeß die silbernen Höhen darüber,
  Voll mit Rosen ist schon droben der leuchtende Schnee.
Und noch höher hinauf wohnt über dem Lichte der reine
  Seelige Gott vom Spiel heiliger Stralen erfreut.
Stille wohnt er allein und helle erscheinet sein Antliz,
  Der ätherische scheint Leben zu geben geneigt,
Freude zu schaffen, mit uns, wie oft, wenn, kundig des Maases,
  Kundig der Athmenden auch zögernd und schonend der Gott
Wohlgediegenes Glük den Städten und Häußern und milde
  Reegen, zu öffnen das Land, brütende Wolken, und euch,
Trauteste Lüfte dann, euch, sanfte Frühlinge, sendet,
  Und mit langsamer Hand Traurige wieder erfreut,
Wenn er die Zeiten erneut, der Schöpferische, die stillen
  Herzen der alternden Menschen erfrischt und ergreifft,
Und hinab in die Tiefe wirkt, und öffnet und aufhellt,
  Wie ers liebet, und jezt wieder ein Leben beginnt,
Anmuth blühet, wie einst, und gegenwärtiger Geist komt,
  Und ein freudiger Muth wieder die Fittige schwellt.

3.

Vieles sprach ich zu ihm, denn, was auch Dichtende sinnen,
  Oder singen, es gilt meistens den Göttern und ihm;
Vieles bat ich, zu lieb dem Vaterlande, damit nicht
  Ungebeten uns einst plözlich befiele der Geist;
Vieles für euch auch, die im Vaterlande besorgt sind,
  Denen der heilige Dank lächelnd die Flüchtlinge bringt,
Theure Verwandte, für euch, indessen wiegte der See mich,
  Und der Ruderer saß ruhig und lobte die Fahrt.

Weit in des Sees Ebene wars Ein freudiges Wallen
    Unter den Seegeln und jezt blühet und hellet die Stadt
Dort in der Frühe sich auf, wohl her von schattigen Alpen
    Kommt geleitet und ruht nun in dem Hafen das Schiff.
Warm ist das Ufer hier und freundlich offene Thale,
    Schön von Pfaden erhellt grünen und schimmern mich an.
Gärten stehen gesellt und die glänzende Knospe beginnt schon,
    Und des Vogels Gesang ladet den Wanderer ein.
Alles scheinet vertraut, der vorübereilende Gruß auch
    Scheint von Freunden, es scheint jegliche Miene verwandt.

4.

Freilich wohl! das Geburtsland ists, der Boden der Heimath,
    Was du suchest, es ist nahe, begegnet dir schon.
Und umsonst nicht steht, wie ein Sohn, am wellenumrauschten
    Thor und siehet und sucht liebende Nahmen für dich
Mit Gesang ein wandernder Mann, glükseeliges Lindau!
    Eine der gastlichen Pforten des Landes ist diß,
Reizend hinauszugehn in die vielversprechende Ferne,
    Dort, wo die Wunder sind, dort, wo das göttliche Wild
Hoch in die Ebnen herab der Rhein die verwegene Bahn bricht,
    Und aus Felsen hervor ziehet das jauchzende Thal,
Dort hinein, durchs helle Gebirg, nach Komo zu wandern,
    Oder hinab, wie der Tag wandelt, den offenen See;
Aber reizender mir bist du, geweihete Pforte!
    Heimzugehn, wo bekannt blühende Wege mir sind,
Dort zu besuchen das Land und die schönen Thale des Nekars,
    Und die Wälder, das Grün heiliger Bäume, wo gern
Sich die Eiche gesellt mit stillen Birken und Buchen,
    Und in Bergen ein Ort freundlich gefangen mich nimmt.

5.

Dort empfangen sie mich, o süße Stimme der Meinen!
　　O du triffest, du regst Langegelerntes mir auf!
Und doch sind sie es noch! noch blühet die Sonn' und
　　　　　　　　　　die Freud' euch,
　　O ihr Liebsten! und fast heller im Auge, wie sonst.
Ja! das Alte noch ists! Es gedeihet und reifet, doch keines
　　Was da lebet und liebt, lässet die Treue zurük.
Aber das Beste, der Fund, der unter des heiligen Friedens
　　Bogen lieget, er ist Jungen und Alten gespart.
Thörig red ich. Es ist die Freude. Doch morgen und künftig
　　Wenn wir gehen und schaun draußen das lebende Feld
Unter den Blüthen des Baums, in den Feiertagen des Frühlings
　　Red' und hoff' ich mit euch vieles, ihr Lieben! davon.
Vieles hab' ich gehört vom großen Vater und habe
　　Lange geschwiegen von ihm, welcher die wandernde Zeit
Droben in Höhen erfrischt, und waltet über Gebirgen
　　Der gewähret uns bald himmlische Gaaben und ruft
Hellern Gesang und schikt viel gute Geister – o säumt nicht,
　　Kommt, ihr freundlichen, ihr, Götter des Jahres! und ihr

6.

Götter des Haußes, kommt! in die Adern alle des Lebens,
　　Alle freuend zugleich, theile das Himmlische sich!
Adle! verjünge, damit nichts Menschlichgutes, damit nicht
　　Eine Stunde des Tags ohne die Götter und auch
Solche Freude, wie jezt, wenn Liebende wieder sich finden,
　　Wie es gebührt für sie, schiklich geheiliget sei.

Wenn wir seegnen das Mahl, wen darf ich nennen und wenn wir
  Ruhn vom Leben des Tags, saget, wie bring ich den Dank?
Nenn ich den Hohen dabei? Unschikliches liebet ein Gott nicht,
  Ihn zu fassen, ist fast unsere Freude zu klein.
Schweigen müssen wir oft; es fehlen heilige Nahmen,
  Herzen schlagen, und doch bleibet die Rede zurük?
Aber ein Saitenspiel leiht jeder Stunde die Töne,
  Und erfreuet vieleicht Himmlische, welche sich nahn.
Das bereitet und so ist auch beinahe die Sorge
  Schon befriediget, die unter das Freudige kam.
Sorgen, wie diese, muß, gern oder nicht, in der Seele
  Tragen ein Sänger und oft, aber die anderen nicht.

Die Heimath.

[Zweite Fassung]

Froh kehrt der Schiffer heim an den stillen Strom,
  Von Inseln fernher, wenn er geerndtet hat;
    So käm' auch ich zur Heimath, hätt' ich
      Güter so viele, wie Laid, geerndtet.

Ihr theuern Ufer, die mich erzogen einst,
  Stillt ihr der Liebe Leiden, versprecht ihr mir,
    Ihr Wälder meiner Jugend, wenn ich
      Komme, die Ruhe noch einmal wieder?

Am kühlen Bache, wo ich der Wellen Spiel,
  Am Strome, wo ich gleiten die Schiffe sah,
    Dort bin ich bald; euch traute Berge,
      Die mich behüteten einst, der Heimath

Verehrte sichre Grenzen, der Mutter Haus
Und liebender Geschwister Umarmungen
Begrüß’ ich bald und ihr umschließt mich,
Daß, wie in Banden, das Herz mir heile,

Ihr treugebliebnen! aber ich weiß, ich weiß
Der Liebe Laid, diß heilet so bald mir nicht,
Diß singt kein Wiegensang, den tröstend
Sterbliche singen, mir aus dem Busen.

Denn sie, die uns das himmlische Feuer leihn,
Die Götter schenken heiliges Laid uns auch,
Drum bleibe diß. Ein Sohn der Erde
Schein’ ich; zu lieben gemacht, zu leiden.

Lebenslauf.
[Zweite Fassung]

Größers wolltest auch du, aber die Liebe zwingt
All uns nieder, das Laid beuget gewaltiger,
Doch es kehret umsonst nicht
Unser Bogen, woher er kommt.

Aufwärts oder hinab! herrschet in heil’ger Nacht,
Wo die stumme Natur werdende Tage sinnt,
Herrscht im schiefesten Orkus
Nicht ein Grades, ein Recht noch auch?

Diß erfuhr ich. Denn nie, sterblichen Meistern gleich,
    Habt ihr Himmlischen, ihr Alleserhaltenden,
        Daß ich wüßte, mit Vorsicht,
            Mich des ebenen Pfads geführt.

Alles prüfe der Mensch, sagen die Himmlischen,
    Daß er, kräftig genährt, danken für Alles lern',
        Und verstehe die Freiheit,
            Aufzubrechen, wohin er will.

Der Abschied.
[Zweite Fassung]

Trennen wollten wir uns? wähnten es gut und klug?
    Da wirs thaten, warum schrökte, wie Mord, die That?
        Ach! wir kennen uns wenig,
            Denn es waltet ein Gott in uns.

Den verrathen? ach ihn, welcher uns alles erst,
    Sinn und Leben erschuff, ihn, den beseelenden
        Schuzgott unserer Liebe,
            Diß, diß Eine vermag ich nicht.

Aber anderen Fehl denket der Weltsinn sich,
    Andern ehernen Dienst übt er und anders Recht,
        Und es listet die Seele
            Tag für Tag der Gebrauch uns ab.

Wohl! ich wußt' es zuvor. Seit die gewurzelte
   Ungestalte die Furcht Götter und Menschen trennt,
     Muß, mit Blut sie zu sühnen,
       Muß der Liebenden Herz vergehn.

Laß mich schweigen! o laß nimmer von nun an mich
   Dieses Tödtliche sehn, daß ich im Frieden doch
     Hin ins Einsame ziehe,
       Und noch unser der Abschied sei!

Reich die Schaale mir selbst, daß ich des rettenden
   Heilgen Giftes genug, daß ich des Lethetranks
     Mit dir trinke, daß alles
       Haß und Liebe vergessen sei!

Hingehn will ich. Vieleicht seh' ich in langer Zeit
   Diotima! dich hier. Aber verblutet ist
     Dann das Wünschen und friedlich
       Gleich den Seeligen, fremde gehn

Wir umher, ein Gespräch führet uns ab und auf,
   Sinnend, zögernd, doch izt mahnt die Vergessenen
     Hier die Stelle des Abschieds,
       Es erwarmet ein Herz in uns,

Staunend seh' ich dich an, Stimmen und süßen Sang,
   Wie aus voriger Zeit hör' ich und Saitenspiel,
     Und die Lilie duftet
       Golden über dem Bach uns auf.

Brod und Wein.

An

Heinze.

[Erste Fassung]

1.

Rings um ruhet die Stadt; still wird die erleuchtete Gasse,
    Und, mit Fakeln geschmükt, rauschen die Wagen hinweg.
Satt gehn heim von Freuden des Tags zu ruhen die Menschen,
    Und Gewinn und Verlust wäget ein sinniges Haupt
Wohlzufrieden zu Haus; leer steht von Trauben und Blumen,
    Und von Werken der Hand ruht der geschäfftige Markt.
Aber das Saitenspiel tönt fern aus Gärten; vieleicht, daß
    Dort ein Liebendes spielt oder ein einsamer Mann
Ferner Freunde gedenkt und der Jugendzeit; und die Brunnen,
    Immerquillend und frisch rauschen an duftendem Beet.
Still in dämmriger Luft ertönen geläutete Gloken,
    Und der Stunden gedenk rufet ein Wächter die Zahl.
Jezt auch kommet ein Wehn und regt die Gipfel des Hains auf,
    Sieh! und das Schattenbild unserer Erde, der Mond
Kommet geheim nun auch; die Schwärmerische, die Nacht
                             kommt,
    Voll mit Sternen und wohl wenig bekümmert um uns,
Glänzt die Erstaunende dort, die Fremdlingin unter den
                             Menschen
    Über Gebirgeshöhn traurig und prächtig herauf.

2.

Wunderbar ist die Gunst der Hocherhabnen und niemand
   Weiß von wannen und was einem geschiehet von ihr.
So bewegt sie die Welt und die hoffende Seele der Menschen,
   Selbst kein Weiser versteht, was sie bereitet, denn so
Will es der oberste Gott, der sehr dich liebet, und darum
   Ist noch lieber, wie sie, dir der besonnene Tag.
Aber zuweilen liebt auch klares Auge den Schatten
   Und versuchet zu Lust, eh' es die Noth ist, den Schlaf,
Oder es blikt auch gern ein treuer Mann in die Nacht hin,
   Ja, es ziemet sich ihr Kränze zu weihn und Gesang,
Weil den Irrenden sie geheiliget ist und den Todten,
   Selber aber besteht, ewig, in freiestem Geist.
Aber sie muß uns auch, daß in der zaudernden Weile,
   Daß im Finstern für uns einiges Haltbare sei,
Uns die Vergessenheit und das Heiligtrunkene gönnen,
   Gönnen das strömende Wort, das, wie die Liebenden, sei,
Schlummerlos und vollern Pokal und kühneres Leben,
   Heilig Gedächtniß auch, wachend zu bleiben bei Nacht.

3.

Auch verbergen umsonst das Herz im Busen, umsonst nur
   Halten den Muth noch wir, Meister und Knaben, denn wer
Möcht' es hindern und wer möcht' uns die Freude verbieten?
   Göttliches Feuer auch treibet, bei Tag und bei Nacht,
Aufzubrechen. So komm! daß wir das Offene schauen,
   Daß ein Eigenes wir suchen, so weit es auch ist.

Fest bleibt Eins; es sei um Mittag oder es gehe
    Bis in die Mitternacht, immer bestehet ein Maas,
Allen gemein, doch jeglichem auch ist eignes beschieden,
    Dahin gehet und kommt jeder, wohin er es kann.
Drum! und spotten des Spotts mag gern frohlokkender
                                                    Wahnsinn
    Wenn er in heiliger Nacht plötzlich die Sänger ergreift.
Drum an den Isthmos komm! dorthin, wo das offene Meer
                                                    rauscht
    Am Parnaß und der Schnee delphische Felsen umglänzt,
Dort ins Land des Olymps, dort auf die Höhe Cithärons,
    Unter die Fichten dort, unter die Trauben, von wo
Thebe drunten und Ismenos rauscht, im Lande des Kadmos,
    Dorther kommt und zurük deutet der kommende Gott.

                              4.

Seeliges Griechenland! du Haus der Himmlischen alle,
    Also ist wahr, was einst wir in der Jugend gehört?
Festlicher Saal! der Boden ist Meer! und Tische die Berge
    Wahrlich zu einzigem Brauche vor Alters gebaut!
Aber die Thronen, wo? die Tempel, und wo die Gefäße,
    Wo mit Nectar gefüllt, Göttern zu Lust der Gesang?
Wo, wo leuchten sie denn, die fernhintreffenden Sprüche?
    Delphi schlummert und wo tönet das große Geschik?
Wo ist das schnelle? wo brichts, allgegenwärtigen Glüks voll
    Donnernd aus heiterer Luft über die Augen herein?
Vater Aether! so riefs und flog von Zunge zu Zunge
    Tausendfach, es ertrug keiner das Leben allein;

Ausgetheilet erfreut solch Gut und getauschet, mit Fremden,
   Wirds ein Jubel, es wächst schlafend des Wortes Gewalt
Vater! heiter! und hallt, so weit es gehet, das uralt
   Zeichen, von Eltern geerbt, treffend und schaffend hinab.
Denn so kehren die Himmlischen ein, tiefschütternd gelangt so
   Aus den Schatten herab unter die Menschen ihr Tag.

5.

Unempfunden kommen sie erst, es streben entgegen
   Ihnen die Kinder, zu hell kommet, zu blendend das Glük,
Und es scheut sie der Mensch, kaum weiß zu sagen ein Halbgott
   Wer mit Nahmen sie sind, die mit den Gaaben ihm nahn.
Aber der Muth von ihnen ist groß, es füllen das Herz ihm
   Ihre Freuden und kaum weiß er zu brauchen das Gut,
Schafft, verschwendet und fast ward ihm Unheiliges heilig,
   Das er mit seegnender Hand thörig und gütig berührt.
Möglichst dulden die Himmlischen diß; dann aber in Wahrheit
   Kommen sie selbst und gewohnt werden die Menschen
                                             des Glüks
Und des Tags und zu schaun die Offenbaren, das Antliz
   Derer, welche schon längst Eines und Alles genannt
Tief die verschwiegene Brust mit freier Genüge gefüllet,
   Und zuerst und allein alles Verlangen beglükt;
So ist der Mensch; wenn da ist das Gut, und es sorget mit
                                             Gaaben
   Selber ein Gott für ihn, kennet und sieht er es nicht.
Tragen muß er, zuvor; nun aber nennt er sein Liebstes,
   Nun, nun müssen dafür Worte, wie Blumen, entstehn.

6.

Und nun denkt er zu ehren in Ernst die seeligen Götter,
   Wirklich und wahrhaft muß alles verkünden ihr Lob.
Nichts darf schauen das Licht, was nicht den Hohen gefället,
   Vor den Aether gebührt müßigversuchendes nicht.
Drum in der Gegenwart der Himmlischen würdig zu stehen,
   Richten in herrlichen Ordnungen Völker sich auf
Untereinander und baun die schönen Tempel und Städte
   Vest und edel, sie gehn über Gestaden empor –
Aber wo sind sie? wo blühn die Bekannten, die Kronen des
                                                    Festes?
   Thebe welkt und Athen; rauschen die Waffen nicht mehr
In Olympia, nicht die goldnen Wagen des Kampfspiels,
   Und bekränzen sich denn nimmer die Schiffe Korinths?
Warum schweigen auch sie, die alten heilgen Theater?
   Warum freuet sich denn nicht der geweihete Tanz?
Warum zeichnet, wie sonst, die Stirne des Mannes ein Gott
                                                    nicht,
   Drükt den Stempel, wie sonst, nicht dem Getroffenen auf?
Oder er kam auch selbst und nahm des Menschen Gestalt an
   Und vollendet und schloß tröstend das himmlische Fest.

7.

Aber Freund! wir kommen zu spät. Zwar leben die Götter
   Aber über dem Haupt droben in anderer Welt.
Endlos wirken sie da und scheinens wenig zu achten,
   Ob wir leben, so sehr schonen die Himmlischen uns.

Denn nicht immer vermag ein schwaches Gefäß sie zu fassen,
Nur zu Zeiten erträgt göttliche Fülle der Mensch.
Traum von ihnen ist drauf das Leben. Aber das Irrsaal
Hilft, wie Schlummer und stark machet die Noth und die
Nacht,
Biß daß Helden genug in der ehernen Wiege gewachsen,
Herzen an Kraft, wie sonst, ähnlich den Himmlischen sind.
Donnernd kommen sie drauf. Indessen dünket mir öfters
Besser zu schlafen, wie so ohne Genossen zu seyn,
So zu harren und was zu thun indeß und zu sagen,
Weiß ich nicht und wozu Dichter in dürftiger Zeit?
Aber sie sind, sagst du, wie des Weingotts heilige Priester,
Welche von Lande zu Land zogen in heiliger Nacht.

8.

Nemlich, als vor einiger Zeit, uns dünket sie lange,
Aufwärts stiegen sie all, welche das Leben beglükt,
Als der Vater gewandt sein Angesicht von den Menschen,
Und das Trauern mit Recht über der Erde begann,
Als erschienen zu lezt ein stiller Genius, himmlisch
Tröstend, welcher des Tags Ende verkündet' und schwand,
Ließ zum Zeichen, daß einst er da gewesen und wieder
Käme, der himmlische Chor einige Gaaben zurük,
Derer menschlich, wie sonst, wir uns zu freuen vermöchten,
Denn zur Freude mit Geist, wurde das Größre zu groß
Unter den Menschen und noch, noch fehlen die Starken zu
höchsten
Freuden, aber es lebt stille noch einiger Dank.

Brod ist der Erde Frucht, doch ists vom Lichte geseegnet,
  Und vom donnernden Gott kommet die Freude des Weins.
Darum denken wir auch dabei der Himmlischen, die sonst
  Da gewesen und die kehren in richtiger Zeit,
Darum singen sie auch mit Ernst die Sänger den Weingott
  Und nicht eitel erdacht tönet dem Alten das Lob.

9.

Ja! sie sagen mit Recht, er söhne den Tag mit der Nacht aus
  Führe des Himmels Gestirn ewig hinunter, hinauf,
Allzeit froh, wie das Laub der immergrünenden Fichte,
  Das er liebt und der Kranz, den er von Epheu gewählt,
Weil er bleibet indeß die erkrankte Erde der Gott hält
  Langsamdonnernd und Lust unter das Finstere bringt.
Was der Alten Gesang von Kindern Gottes geweissagt,
  Siehe, wir sind es, wir; Frucht von Hesperien ists!
Wunderbar und genau ists als an Menschen erfüllet,
  Glaube, wer es geprüft! aber so vieles geschieht
Keines wirket, denn wir sind herzlos, Schatten, bis unser
  Vater Aether erkannt jeden und allen gehört.
Mit allen Himmlischen kommt als Fakelschwinger des
                                            Höchsten
  Sohn, der Syrier, unter die Schatten herab.
Seelige Weise sehns; ein Lächeln aus der gefangnen
  Seele leuchtet, dem Licht thauet ihr Auge noch auf.
Sanfter träumet und schläft in Armen der Erde der Titan,
  Selbst der neidische, selbst Cerberus trinket und schläft.

Der Einzige.

Was ist es, das
An die alten seeligen Küsten
Mich fesselt, daß ich mehr noch
Sie liebe, als mein Vaterland?
Denn wie in himmlische
Gefangenschaft verkaufft
Dort bin ich, wo Apollo gieng
In Königsgestalt,
Und zu unschuldigen Jünglingen sich
Herablies Zevs und Söhn' in heiliger Art
Und Töchter zeugte
Der Hohe unter den Menschen?

Der hohen Gedanken
Sind nemlich viel
Entsprungen des Vaters Haupt
Und große Seelen
Von ihm zu Menschen gekommen.
Gehöret hab' ich
Von Elis und Olympia, bin
Gestanden oben auf dem Parnaß,
Und über Bergen des Isthmus,
Und drüben auch
Bei Smyrna und hinab
Bei Ephesos bin ich gegangen;

Viel hab' ich schönes gesehn,
Und gesungen Gottes Bild
Hab' ich, das lebet unter
Den Menschen, aber dennoch
Ihr alten Götter und all
Ihr tapfern Söhne der Götter
Noch Einen such ich, den
Ich liebe unter euch,
Wo ihr den lezten eures Geschlechts
Des Haußes Kleinod mir
Dem fremden Gaste verberget.

Mein Meister und Herr!
O du, mein Lehrer!
Was bist du ferne
Geblieben? und da
Ich fragte unter den Alten,
Die Helden und
Die Götter, warum bliebest
Du aus? Und jezt ist voll
Von Trauern meine Seele
Als eifertet, ihr Himmlischen, selbst
Daß, dien' ich einem, mir
Das andere fehlet.

Ich weiß es aber, eigene Schuld
Ists! Denn zu sehr,
O Christus! häng' ich an dir,
Wiewohl Herakles Bruder
Und kühn bekenn' ich, du
Bist Bruder auch des Eviers, der

An den Wagen spannte
Die Tyger und hinab
Bis an den Indus
Gebietend freudigen Dienst
Den Weinberg stiftet und
Den Grimm bezähmte der Völker.

Es hindert aber eine Schaam
Mich dir zu vergleichen
Die weltlichen Männer. Und freilich weiß
Ich, der dich zeugte, dein Vater,
Derselbe der,

Denn nimmer herrscht er allein.

Es hänget aber an Einem
Die Liebe. Diesesmal
Ist nemlich vom eigenen Herzen
Zu sehr gegangen der Gesang,
Gut will ich aber machen
Den Fehl, mit nächstem
Wenn ich noch andere singe.
Nie treff ich, wie ich wünsche,
Das Maas. Ein Gott weiß aber
Wenn kommet, was ich wünsche das Beste.
Denn wie der Meister
Gewandelt auf Erden

Ein gefangener Aar,
Und viele, die
Ihn sahen, fürchteten sich,
Dieweil sein Äußerstes that
Der Vater und sein Bestes unter
Den Menschen wirkete wirklich,
Und sehr betrübt war auch
Der Sohn so lange, bis er
Gen Himmel fuhr in den Lüften,
Dem gleich ist gefangen die Seele der Helden.
Die Dichter müssen auch
Die geistigen weltlich seyn.

Auf falbem Laube ruhet ...

Auf falbem Laube ruhet
Die Traube, des Weines Hoffnung, also ruhet auf der Wange
Der Schatten von dem goldenen Schmuk, der hängt
Am Ohre der Jungfrau.

Und ledig soll ich bleiben
Leicht fanget aber sich
In der Kette, die
Es abgerissen, das Kälblein.

Fleißig

Es liebet aber der Sämann
Zu sehen eine,
Des Tages schlafend über
Dem Strikstrumpf.

Nicht will wohllauten
Der deutsche Mund
aber lieblich
Am stechenden Bart rauschen
Die Küsse.

Mnemosyne.

[Entwurf]

Ein Zeichen sind wir, deutungslos
Schmerzlos sind wir und haben fast
Die Sprache in der Fremde verloren.
Wenn nemlich ein Streit ist über Menschen
Am Himmel, und gewaltigen Schritt
Gestirne gehn, blind ist die Treue dann, wenn aber sich
Zur Erde neiget der Beste, eigen wird dann
Lebendiges, und es findet eine Heimath
Der Geist.
[…]

Mnemosyne.

Reif sind, in Feuer getaucht, gekochet
Die Frücht und auf der Erde geprüfet und ein Gesez ist
Daß alles hineingeht, Schlangen gleich,
Prophetisch, träumend auf
Den Hügeln des Himmels. Und vieles
Wie auf den Schultern eine
Last von Scheitern ist
Zu behalten. Aber bös sind
Die Pfade. Nemlich unrecht,
Wie Rosse, gehn die gefangenen
Element' und alten
Geseze der Erd. Und immer
Ins Ungebundene gehet eine Sehnsucht. Vieles aber ist
Zu behalten. Und Noth die Treue.
Vorwärts aber und rükwärts wollen wir
Nicht sehn. Uns wiegen lassen, wie
Auf schwankem Kahne der See.

Wohl ist mir die Gestalt
Der Erd. Sonnenschein
Am Boden sehen wir und trokenen Staub
Und heimatlich die Schatten der Wälder und es blühet
An Dächern der Rauch, bei alter Krone
Der Thürme, friedsam; gut sind nemlich
Hat fernher gegenredend die Seele
Ein Himmlisches verwundet, die Tageszeichen.
Denn Schnee, wie Majenblumen
Das Edelmüthige, wo

Es seie bedeutend, glänzet auf der grünen Wiese
Der Alpen, dort
Vom Kreuze redend, das
Gesetzt ist unterwegs einmal
Gestorbenen, geht auf hoher Straß
Ein Wandersmann zornig mit
Dem andern, aber was ist diß?

Am Feigenbaum ist mein
Achilles mir gestorben,
Und Ajax liegt
An den Grotten der See,
An Bächen benachbart dem Skamandros.
An Schläfen Sausen einst, nach
Der unbewegten Salamis steter
Gewohnheit, in der Fremd', ist groß
Ajax gestorben.
Patroklos aber in des Königes Harnisch. Und es starben
Noch andere viel. Am Kithäron aber lag
Elevtherä, der Mnemosyne Stadt. Der auch als
Ablegte den Mantel Gott, das abendliche nachher löste
Die Loken. Himmlische nemlich sind
Unwillig, wenn einer nicht die Seele schonend sich
Zusammengenommen, aber er muß doch; dem
Gleich fehlet die Trauer.

Hälfte des Lebens.

Mit gelben Birnen hänget
Und voll mit wilden Rosen
Das Land in den See,
Ihr holden Schwäne,
Und trunken von Küssen
Tunkt ihr das Haupt
Ins heilignüchterne Wasser.

Weh mir, wo nehm' ich, wenn
Es Winter ist, die Blumen, und wo
Den Sonnenschein,
Und Schatten der Erde?
Die Mauern stehn
Sprachlos und kalt, im Winde
Klirren die Fahnen.

Patmos.
Dem Landgrafen von Homburg.
[Erste Fassung]

Nah ist
Und schwer zu fassen der Gott.
Wo aber Gefahr ist, wächst
Das Rettende auch.
Im Finstern wohnen
Die Adler und furchtlos gehn
Die Söhne der Alpen über den Abgrund weg

Auf leichtgebaueten Brüken.
Drum, da gehäuft sind rings
Die Gipfel der Zeit, und die Liebsten
Nah wohnen, ermattend auf
Getrenntesten Bergen,
So gieb unschuldig Wasser,
O Fittige gieb uns, treuesten Sinns
Hinüberzugehn und wiederzukehren.

So sprach ich, da entführte
Mich schneller, denn ich vermuthet
Und weit, wohin ich nimmer
Zu kommen gedacht, ein Genius mich
Vom eigenen Hauß'. Es dämmerten
Im Zwielicht, da ich gieng
Der schattige Wald
Und die sehnsüchtigen Bäche
Der Heimath; nimmer kannt' ich die Länder;
Doch bald, in frischem Glanze,
Geheimnißvoll
Im goldenen Rauche, blühte
Schnellaufgewachsen,
Mit Schritten der Sonne,
Mit tausend Gipfeln duftend,

Mir Asia auf, und geblendet sucht'
Ich eines, das ich kennete, denn ungewohnt
War ich der breiten Gassen, wo herab
Vom Tmolus fährt
Der goldgeschmükte Pactol
Und Taurus stehet und Messogis,

Und voll von Blumen der Garten,
Ein stilles Feuer; aber im Lichte
Blüht hoch der silberne Schnee;
Und Zeug unsterblichen Lebens
An unzugangbaren Wänden
Uralt der Epheu wächst und getragen sind
Von lebenden Säulen, Cedern und Lorbeern
Die feierlichen,
Die göttlichgebauten Palläste.

Es rauschen aber um Asias Thore
Hinziehend da und dort
In ungewisser Meeresebene
Der schattenlosen Straßen genug,
Doch kennt die Inseln der Schiffer.
Und da ich hörte
Der nahegelegenen eine
Sei Patmos,
Verlangte mich sehr,
Dort einzukehren und dort
Der dunkeln Grotte zu nahn.
Denn nicht, wie Cypros,
Die quellenreiche, oder
Der anderen eine
Wohnt herrlich Patmos,

Gastfreundlich aber ist
Im ärmeren Haußé
Sie dennoch
Und wenn vom Schiffbruch oder klagend
Um die Heimath oder

Den abgeschiedenen Freund
Ihr nahet einer
Der Fremden, hört sie es gern, und ihre Kinder
Die Stimmen des heißen Hains,
Und wo der Sand fällt, und sich spaltet
Des Feldes Fläche, die Laute
Sie hören ihn und liebend tönt
Es wieder von den Klagen des Manns. So pflegte
Sie einst des gottgeliebten,
Des Sehers, der in seeliger Jugend war

Gegangen mit
Dem Sohne des Höchsten, unzertrennlich, denn
Es liebte der Gewittertragende die Einfalt
Des Jüngers und es sahe der achtsame Mann
Das Angesicht des Gottes genau,
Da, beim Geheimnisse des Weinstoks, sie
Zusammensaßen, zu der Stunde des Gastmals,
Und in der großen Seele, ruhigahnend den Tod
Aussprach der Herr und die lezte Liebe, denn nie genug
Hatt' er von Güte zu sagen
Der Worte, damals, und zu erheitern, da
Ers sahe, das Zürnen der Welt.
Denn alles ist gut. Drauf starb er. Vieles wäre
Zu sagen davon. Und es sahn ihn, wie er siegend blikte
Den Freudigsten die Freunde noch zulezt,

Doch trauerten sie, da nun
Es Abend worden, erstaunt,
Denn Großentschiedenes hatten in der Seele
Die Männer, aber sie liebten unter der Sonne

Das Leben und lassen wollten sie nicht
Vom Angesichte des Herrn
Und der Heimath. Eingetrieben war,
Wie Feuer im Eisen, das, und ihnen gieng
Zur Seite der Schatte des Lieben.
Drum sandt' er ihnen
Den Geist, und freilich bebte
Das Haus und die Wetter Gottes rollten
Ferndonnernd über
Die ahnenden Häupter, da, schwersinnend
Versammelt waren die Todeshelden,

Izt, da er scheidend
Noch einmal ihnen erschien.
Denn izt erlosch der Sonne Tag
Der Königliche und zerbrach
Den geradestralenden,
Den Zepter, göttlichleidend, von selbst,
Denn wiederkommen sollt es
Zu rechter Zeit. Nicht wär es gut
Gewesen, später, und schroffabbrechend, untreu,
Der Menschen Werk, und Freude war es
Von nun an,
Zu wohnen in liebender Nacht, und bewahren
In einfältigen Augen, unverwandt
Abgründe der Weisheit. Und es grünen
Tief an den Bergen auch lebendige Bilder,

Doch furchtbar ist, wie da und dort
Unendlich hin zerstreut das Lebende Gott.
Denn schon das Angesicht

Der theuern Freunde zu lassen
Und fernhin über die Berge zu gehn
Allein, wo zweifach
Erkannt, einstimmig
War himmlischer Geist; und nicht geweissagt war es, sondern
Die Loken ergriff es, gegenwärtig,
Wenn ihnen plözlich
Ferneilend zurük blikte
Der Gott und schwörend,
Damit er halte, wie an Seilen golden
Gebunden hinfort
Das Böse nennend, sie die Hände sich reichten –

Wenn aber stirbt alsdenn
An dem am meisten
Die Schönheit hieng, daß an der Gestalt
Ein Wunder war und die Himmlischen gedeutet
Auf ihn, und wenn, ein Räthsel ewig füreinander
Sie sich nicht fassen können
Einander, die zusammenlebten
Im Gedächtniß, und nicht den Sand nur oder
Die Weiden es hinwegnimmt und die Tempel
Ergreifft, wenn die Ehre
Des Halbgotts und der Seinen
Verweht und selber sein Angesicht
Der Höchste wendet
Darob, daß nirgend ein
Unsterbliches mehr am Himmel zu sehn ist oder
Auf grüner Erde, was ist diß?

Es ist der Wurf des Säemanns, wenn er faßt
Mit der Schaufel den Waizen,
Und wirft, dem Klaren zu, ihn schwingend über die Tenne.
Ihm fällt die Schaale vor den Füßen, aber
Ans Ende kommet das Korn,
Und nicht ein Übel ists, wenn einiges
Verloren gehet und von der Rede
Verhallet der lebendige Laut,
Denn göttliches Werk auch gleichet dem unsern.
Nicht alles will der Höchste zumal.
Zwar Eisen träget der Schacht,
Und glühende Harze der Ätna,
So hätt' ich Reichtum,
Ein Bild zu bilden, und ähnlich
Zu schaun, wie er gewesen, den Christ,

Wenn aber einer spornte sich selbst,
Und traurig redend, unterweges, da ich wehrlos wäre
Mich überfiele, daß ich staunt' und von dem Gotte
Das Bild nachahmen möcht' ein Knecht –
Im Zorne sichtbar sah' ich einmal
Des Himmels Herrn, nicht, daß ich seyn sollt etwas, sondern
Zu lernen. Gütig sind sie, ihr Verhaßtestes aber ist,
So lange sie herrschen, das Falsche, und es gilt
Dann Menschliches unter Menschen nicht mehr.
Denn sie nicht walten, es waltet aber
Unsterblicher Schiksaal und es wandelt ihr Werk
Von selbst, und eilend geht es zu Ende.
Wenn nemlich höher gehet himmlischer
Triumphgang, wird genennet, der Sonne gleich
Von Starken der frohlokende Sohn des Höchsten,

Ein Loosungszeichen, und hier ist der Stab
Des Gesanges, niederwinkend,
Denn nichts ist gemein. Die Todten weket
Er auf, die noch gefangen nicht
Vom Rohen sind. Es warten aber
Der scheuen Augen viele
Zu schauen das Licht. Nicht wollen
Am scharfen Strale sie blühn,
Wiewohl den Muth der goldene Zaum hält.
Wenn aber, als
Von schwellenden Augenbraunen
Der Welt vergessen
Stillleuchtende Kraft aus heiliger Schrift fällt, mögen
Der Gnade sich freuend, sie
Am stillen Blike sich üben.

Und wenn die Himmlischen jezt
So, wie ich glaube, mich lieben
Wie viel mehr dich,
Denn Eines weiß ich,
Daß nemlich der Wille
Des ewigen Vaters viel
Dir gilt. Still ist sein Zeichen
Am donnernden Himmel. Und Einer stehet darunter
Sein Leben lang. Denn noch lebt Christus.
Es sind aber die Helden, seine Söhne
Gekommen all und heilige Schriften
Von ihm und den Bliz erklären
Die Thaten der Erde bis izt,

Ein Wettlauf unaufhaltsam. Er ist aber dabei. Denn seine
                                                    Werke sind
Ihm alle bewußt von jeher.

Zu lang, zu lang schon ist
Die Ehre der Himmlischen unsichtbar.
Denn fast die Finger müssen sie
Uns führen und schmählich
Entreißt das Herz uns eine Gewalt.
Denn Opfer will der Himmlischen jedes,
Wenn aber eines versäumt ward,
Nie hat es Gutes gebracht.
Wir haben gedienet der Mutter Erd'
Und haben jüngst dem Sonnenlichte gedient,
Unwissend, der Vater aber liebt,
Der über allen waltet,
Am meisten, daß gepfleget werde
Der veste Buchstab, und bestehendes gut
Gedeutet. Dem folgt deutscher Gesang.

Andenken.

Der Nordost wehet,
Der liebste unter den Winden
Mir, weil er feurigen Geist
Und gute Fahrt verheißet den Schiffern.
Geh aber nun und grüße

Die schöne Garonne,
Und die Gärten von Bourdeaux
Dort, wo am scharfen Ufer
Hingehet der Steg und in den Strom
Tief fällt der Bach, darüber aber
Hinschauet ein edel Paar
Von Eichen und Silberpappeln;

Noch denket das mir wohl und wie
Die breiten Gipfel neiget
Der Ulmwald, über die Mühl',
Im Hofe aber wächset ein Feigenbaum.
An Feiertagen gehn
Die braunen Frauen daselbst
Auf seidnen Boden,
Zur Märzenzeit,
Wenn gleich ist Nacht und Tag,
Und über langsamen Stegen,
Von goldenen Träumen schwer,
Einwiegende Lüfte ziehen.

Es reiche aber,
Des dunkeln Lichtes voll,
Mir einer den duftenden Becher,
Damit ich ruhen möge; denn süß
Wär' unter Schatten der Schlummer.
Nicht ist es gut,
Seellos von sterblichen
Gedanken zu seyn. Doch gut
Ist ein Gespräch und zu sagen
Des Herzens Meinung, zu hören viel

Von Tagen der Lieb',
Und Thaten, welche geschehen.

Wo aber sind die Freunde? Bellarmin
Mit dem Gefährten? Mancher
Trägt Scheue, an die Quelle zu gehn;
Es beginnet nemlich der Reichtum
Im Meere. Sie,
Wie Mahler, bringen zusammen
Das Schöne der Erd' und verschmähn
Den geflügelten Krieg nicht, und
Zu wohnen einsam, jahrlang, unter
Dem entlaubten Mast, wo nicht die Nacht durchglänzen
Die Feiertage der Stadt,
Und Saitenspiel und eingeborener Tanz nicht.

Nun aber sind zu Indiern
Die Männer gegangen,
Dort an der luftigen Spiz'
An Traubenbergen, wo herab
Die Dordogne kommt,
Und zusammen mit der prächt'gen
Garonne meerbreit
Ausgehet der Strom. Es nehmet aber
Und giebt Gedächtniß die See,
Und die Lieb' auch heftet fleißig die Augen,
Was bleibet aber, stiften die Dichter.

Auf den Tod eines Kindes.

Die Schönheit ist den Kindern eigen,
Ist Gottes Ebenbild vieleicht;
Ihr Eigentum ist Ruh und Schweigen,
Das Engeln auch zum Lob gereicht.

Das Angenehme dieser Welt ...

Das Angenehme dieser Welt hab ich genossen,
Die Jugendstunden sind, wie lang! wie lang! verflossen,
April und Mai und Julius sind ferne,
Ich bin n i c h t s mehr, ich lebe nicht mehr gerne!

Der Frühling.

Die Sonne glänzt, es blühen die Gefilde,
Die Tage kommen blüthenreich und milde,
Der Abend blüht hinzu, und helle Tage gehen
Vom Himmel abwärts, wo die Tag' entstehen.

Das Jahr erscheint mit seinen Zeiten
Wie eine Pracht, wo Feste sich verbreiten,
Der Menschen Thätigkeit beginnt mit neuem Ziele,
So sind die Zeichen in der Welt, der Wunder viele.

mit Unterthänigkeit

d. 24 April   Scardanelli.
1839.

Die Aussicht.

Wenn in die Ferne geht der Menschen wohnend Leben,
Wo in die Ferne sich erglänzt die Zeit der Reben,
Ist auch dabei des Sommers leer Gefilde,
Der Wald erscheint mit seinem dunklen Bilde;

Daß die Natur ergänzt das Bild der Zeiten,
Daß die verweilt, sie schnell vorübergleiten,
Ist aus Vollkommenheit, des Himmels Höhe glänzet
Dem Menschen dann, wie Bäume Blüth' umkränzet.

Mit Unterthänigkeit

d. 24 Mai
1748. Scardanelli.

HYPERION

[Auszüge]

[...]
Er schwieg und sah mich forschend an; ich sagt ihm,
Wohl mancher hätt am Ende deß, was er
Mir da gesagt, ein kleines Aergernis
Genommen, doch ich hätte, wenn ich anders
Nicht irrte, sein Geheimnis durchgeschaut.
So kann ich ja wohl mer noch wagen, rief
Er traut und heiter, doch erinnre mich
Zu rechter Zeit! – Als unser Geist, begann
Er lächelnd nun, sich aus dem freien Fluge
Der Himmlischen verlor, und erdwärts sich,
Vom Aether neigt', und mit dem Überflusse
Sich so die Armuth gattete, da ward
Die Liebe. Das geschah am Tage, da
Den Fluthen Aphrodite sich entwand.
Am Tage, da die schöne Welt für uns
Begann, begann für uns die Dürftigkeit
Des Lebens und wir tauschten das Bewußtsein
Für unsre Reinigkeit und Freiheit ein. –
Der reine leidensfreie Geist befaßt
Sich mit dem Stoffe nicht, ist aber auch
Sich keines Dings und seiner nicht bewußt,
Für ihn ist keine Welt, denn außer ihm
Ist nichts. – Doch, was ich sag', ist nur Gedanke. –
Nun fülen wir die Schranken unsers Wesens
Und die gehemmte Kraft sträubt ungeduldig
Sich gegen ihre Fesseln, und es sehnt der Geist
Zum ungetrübten Aether sich zurük.

Doch ist in uns auch wieder etwas, das
Die Fesseln gern behält, denn würd in uns
Das Göttliche von keinem Widerstande
Beschränkt – wir fühlten uns und andre nicht.
Sich aber nicht zu fühlen, ist der Tod,
Von nichts zu wissen, und vernichtet seyn
Ist Eins für uns. – Wie sollten wir den Trieb
Unendlich fortzuschreiten, uns zu läutern,
Uns zu veredlen, zu befrein, verläugnen?
Das wäre thierisch. Doch wir sollten auch
Des Triebs, beschränkt zu werden, zu empfangen,
Nicht stolz uns überheben, denn es wäre
Nicht menschlich, und wir tödteten uns selbst.
Den Widerstreit der Triebe, deren keiner
Entbehrlich ist, vereiniget die Liebe.
[…]

Vorrede.

Von früher Jugend an lebt' ich lieber, als sonstwo, auf den Küsten von Jonien und Attika und den schönen Inseln des Archipelagus, und es gehörte unter meine liebsten Träume, einmal wirklich dahin zu wandern, zum heiligen Grabe der jugendlichen Menschheit.

Griechenland war meine erste Liebe und ich weiß nicht, ob ich sagen soll, es werde meine lezte seyn.

Dieser Liebe dank' ich nun auch diß kleine Eigenthum und es war mein geworden, geraume Zeit, ehe ich wußte, daß andere sich auf ähnliche Art, wie es scheint, und glüklicher, als ich, bereichert hatten.

Ich hoffte, daß es mir doch vielleicht Einen Freund gewinnen könnte und so beschloß ich, es mitzutheilen.

Ich wünschte um alles nicht, daß es originell wäre. Originalität ist uns ja Neuheit; und mir ist nichts lieber, als was so alt ist, wie die Welt.

Mir ist Originalität Innigkeit, Tiefe des Herzens und des Geistes. Aber davon scheint man jetzt gerade, wenigstens in der Kunst, sehr wenig wissen zu wollen; und wenn nicht andere siegen, so wird es neuester Geschmak werden, von der Natur zu sprechen, wie eine spröde Schöne von den Männern, und seinen Stoff zu behandeln, wie ein geschworner Berichterstatter; wo man dann am Ende recht gut weiß, daß ein Haase über den Weg lief und kein anderes Thier, aber hiemit sich auch begnügen muß: Es wäre übrigens grober Misverstand, wenn man dächte, ich spreche hier von den treflichen Menschen, die uns das schöne Detail der Natur mit so unverkenbarer Liebe vergegenwärtigen. –

Um auf meine Briefe zurükzukommen, so bitt' ich, diesen ersten Theil für nichts weiter, als für nothwendige Prämisse anzusehn, und sich mit guter Hoffnung zu trösten, wenn man z. B. über den Mangel an äußerer Handlung gähnen und auch das Wenige, was von dieser Seite jetzt befriedigen könnte, planlos, unnatürlich finden möchte. Was vereinzelt gefallen kann, kann nicht wohl als Ganzes gefallen und umgekehrt. –

Auch wird man manches Unverständliche, Halbwahre, Falsche in diesen Briefen finden. Man wird jetzt sich ärgern an diesem Hyperion, an seinen Widersprüchen, seinen Verirrungen, an seiner Stärke, wie an seiner Schwachheit, an seinem Zorn, wie an seiner Liebe. Aber es muß ja Aergerniß kommen. –

Wir durchlaufen alle eine exzentrische Bahn, und es ist kein anderer Weg möglich von der Kindheit zur Vollendung.

Die seelige Einigkeit, das Seyn, im einzigen Sinne des Worts, ist für uns verloren und wir mußten es verlieren, wenn wir es erstreben, erringen sollten. Wir reißen uns los vom friedlichen *Εν και Παν* der Welt, um es herzustellen, durch uns Selbst. Wir sind zerfallen mit der Natur, und was einst, wie man glauben kann, Eins war, widerstreitet sich jetzt, und Herrschaft und Knechtschaft wechselt auf beiden Seiten. Oft ist uns, als wäre die Welt Alles und wir Nichts, oft aber auch, als wären wir Alles und die Welt nichts. Auch Hyperion theilte sich unter diese beiden Extreme.

Jenen ewigen Widerstreit zwischen unserem Selbst und der Welt zu endigen, den Frieden alles Friedens, der höher ist, denn alle Vernunft, den wiederzubringen, uns mit der Natur zu vereinigen zu Einem unendlichen Ganzen, das ist das Ziel all' unseres Strebens, wir mögen uns darüber verstehen oder nicht.

Aber weder unser Wissen noch unser Handeln gelangt in irgend einer Periode des Daseyns dahin, wo aller Widerstreit aufhört, wo Alles Eins ist; die bestimmte Linie vereiniget sich mit der unbestimmten nur in unendlicher Annäherung.

Wir hätten auch keine Ahndung von jenem unendlichen Frieden, von jenem Seyn, im einzigen Sinne des Worts, wir strebten gar nicht, die Natur mit uns zu vereinigen, wir dächten und wir handelten nicht, es wäre überhaupt gar nichts, (für uns) wir wären selbst nichts, (für uns) wenn nicht dennoch jene unendliche Vereinigung, jenes Seyn, im einzigen Sinne des Worts vorhanden wäre. Es ist vorhanden – als Schönheit; es wartet, um mit Hyperion zu reden, ein neues Reich auf uns, wo die Schönheit Königin ist. –

Ich glaube, wir werden am Ende alle sagen: heiliger Plato, vergieb! man hat schwer an dir gesündigt.

Der Herausgeber.

Hyperion
oder
der Eremit in Griechenland.

[Aus der endgültigen Fassung, 1796.
Erster Band. Erstes Buch]

[...]

HYPERION AN BELLARMIN.

Ich habe nichts, wovon ich sagen möchte, es sei mein eigen.

Fern und todt sind meine Geliebten, und ich vernehme durch keine Stimme von ihnen nichts mehr.

Mein Geschäft auf Erden ist aus. Ich bin voll Willens an die Arbeit gegangen, habe geblutet darüber, und die Welt um keinen Pfenning reicher gemacht.

Ruhmlos und einsam kehr' ich zurük und wandre durch mein Vaterland, das, wie ein Todtengarten, weit umher liegt, und mich erwartet jetzt das Messer des Jägers, der uns Griechen, wie das Wild des Waldes, sich zur Lust hält.

Aber du scheinst noch, Sonne des Himmels! Du grünst noch, heilige Erde! Noch rauschen die Ströme in's Meer, und schattige Bäume säuseln im Mittag. Der Wonnegesang des Frühlings singt meine sterblichen Gedanken in Schlaf. Die Fülle der alllebendigen Welt ernährt und sättiget mit Trunkenheit mein darbend Wesen.

O seelige Natur! Ich weiß nicht, wie mir geschiehet, wenn ich mein Auge erhebe vor deiner Schöne, aber alle Lust des Himmels ist in den Thränen, die ich weine vor dir, der Geliebte vor der Geliebten.

Mein ganzes Wesen verstummt und lauscht, wenn die zarte Welle der Luft mir um die Brust spielt. Verloren in's weite Blau, blik' ich oft hinauf an den Aether und hinein in's heilige Meer, und mir ist, als öffnet' ein verwandter Geist mir die Arme, als löste der Schmerz der Einsamkeit sich auf in's Leben der Gottheit.

Eines zu seyn mit Allem, das ist Leben der Gottheit, das ist der Himmel des Menschen.

Eines zu seyn mit Allem, was lebt, in seeliger Selbstvergessenheit wiederzukehren in's All der Natur, das ist der Gipfel der Gedanken und Freuden, das ist die heilige Bergeshöhe, der Ort der ewigen Ruhe, wo der Mittag seine Schwüle und der Donner seine Stimme verliert und das kochende Meer der Wooge des Kornfelds gleicht.

Eines zu seyn mit Allem, was lebt! Mit diesem Worte legt die Tugend den zürnenden Harnisch, der Geist des Menschen den Zepter weg, und alle Gedanken schwinden vor dem Bilde der ewigeinigen Welt, wie die Regeln des ringenden Künstlers vor seiner Urania, und das eherne Schiksaal entsagt der Herrschaft, und aus dem Bunde der Wesen schwindet der Tod, und Unzertrennlichkeit und ewige Jugend beseeliget, verschönert die Welt. Auf dieser Höhe steh' ich oft, mein Bellarmin! Aber ein Moment des Besinnens wirft mich herab. Ich denke nach und finde mich, wie ich zuvor war, allein, mit allen Schmerzen der Sterblichkeit, und meines Herzens Asyl, die ewigeinige Welt, ist hin; die Natur verschließt die Arme, und ich stehe, wie ein Fremdling, vor ihr, und verstehe sie nicht.

Ach! wär' ich nie in eure Schulen gegangen. Die Wissenschaft, der ich in den Schacht hinunter folgte, von der ich, jugendlich thöricht, die Bestätigung meiner reinen Freude erwartete, die hat mir alles verdorben.

Ich bin bei euch so recht vernünftig geworden, habe gründlich mich unterscheiden gelernt von dem, was mich umgiebt, bin nun vereinzelt in der schönen Welt, bin so ausgeworfen aus dem Garten der Natur, wo ich wuchs und blühte, und vertrokne an der Mittagssonne.

O ein Gott ist der Mensch, wenn er träumt, ein Bettler, wenn er nachdenkt, und wenn die Begeisterung hin ist, steht er da, wie ein misrathener Sohn, den der Vater aus dem Hause stieß, und betrachtet die ärmlichen Pfennige, die ihm das Mitleid auf den Weg gab.

[...]

HYPERION AN BELLARMIN.

Der Sommer war nun bald zu Ende; ich fühlte schon die düstern Reegentage und das Pfeifen der Winde und Tosen der Wetterbäche zum voraus, und die Natur, die, wie ein schäumender Springquell, emporgedrungen war in allen Pflanzen und Bäumen, stand jetzt schon da vor meinem verdüsterten Sinne, schwindend und verschlossen und in sich gekehrt, wie ich selber.

Ich wollte noch mit mir nehmen, was ich konnte, von all' dem fliehenden Leben, alles, was ich draußen liebgewonnen hatte, wollt' ich noch hereinretten in mich, denn ich wußte wohl, daß mich das wiederkehrende Jahr nicht wieder finden würde unter diesen Bäumen und Bergen, und so gieng und ritt ich jetzt mehr, als gewöhnlich, herum im ganzen Bezirke.

Was aber mich besonders hinaustrieb, war das geheime Verlangen, einen Menschen zu sehn, der seit einiger Zeit vor dem Thore unter den Bäumen, wo ich vorbei kam, mir alle Tage begegnet war.

Wie ein junger Titan, schritt der herrliche Fremdling unter dem Zwergengeschlechte daher, das mit freudiger Scheue an seiner Schöne sich waidctc, seine Höhe maß und seine Stärke, und an dem glühenden verbrannten Römerkopfe, wie an verbotner Frucht mit verstohlnem Blike sich labte, und es war jedesmal ein herrlichen Moment, wann das Auge dieses Menschen, für dessen Blik der freie Aether zu enge schien, so mit abgelegtem Stolze sucht' und strebte, bis es sich in meinem Auge fühlte und wir erröthend uns einander nachsahn und vorüber giengen.

Einst war ich tief in die Wälder des Mimas hineingeritten und kehrt' erst spät Abends zurük. Ich war abgestiegen, und führte mein Pferd einen steilen wüsten Pfad über Baumwurzeln und Steine hinunter, und, wie ich so durch die Sträuche mich wand, in die Höhle hinunter, die nun vor mir sich öffnete, fielen plözlich ein paar Karabornische Räuber über mich her, und ich hatte Mühe, für den ersten Moment die zwei gezükten Säbel abzuhalten; aber sie waren schon von anderer Arbeit müde, und so half ich doch mir durch. Ich sezte mich ruhig wieder aufs Pferd und ritt hinab.

Am Fuße des Berges that mitten unter den Wäldern und aufgehäuften Felsen sich eine kleine Wiese vor mir auf. Es wurde hell. Der Mond war eben aufgegangen über den finstern Bäumen. In einiger Entfernung sah ich Rosse auf dem Boden ausgestrekt und Männer neben ihnen im Grase.

Wer seid ihr? rief ich.

Das ist Hyperion! rief eine Heldenstimme, freudig überrascht. Du kennst mich, fuhr die Stimme fort; ich begegne dir alle Tage unter den Bäumen am Thore.

Mein Roß flog, wie ein Pfeil, ihm zu. Das Mondlicht schien ihm hell in's Gesicht. Ich kannt' ihn; ich sprang herab.

Guten Abend! rief der liebe Rüstige, sah mit zärtlich wildem Blike mich an und drükte mit seiner nervigen Faust die meine, daß mein Innerstes den Sinn davon empfand.

O nun war mein unbedeutend Leben am Ende!

Alabanda, so hieß der Fremde, sagte mir nun, daß er mit seinem Diener von Räubern wäre überfallen worden, daß die beiden, auf die ich stieß, wären fortgeschikt worden von ihm, daß er den Weg aus dem Walde verloren gehabt und darum wäre genöthigt gewesen, auf der Stelle zu bleiben, bis ich gekommen. Ich habe einen Freund dabei verloren, sezt' er hinzu, und wies sein todtes Roß mir.

Ich gab das meine seinem Diener, und wir giengen zu Fuße weiter.

Es geschah uns recht, begann ich, indeß wir Arm in Arm zusammen aus dem Walde giengen; warum zögerten wir auch so lange und giengen uns vorüber, bis der Unfall uns zusammenbrachte.

Ich muß denn doch dir sagen, erwiedert' Alabanda, daß du der Schuldigere, der Kältere bist. Ich bin dir heute nachgeritten.

Herrlicher! rief ich, siehe nur zu! an Liebe sollst du doch mich nimmer übertreffen.

Wir wurden immer inniger und freudiger zusammen.

Wir kamen nahe bei der Stadt an einem wohlgebauten Khan vorbei, das unter plätschernden Brunnen ruhte und unter Fruchtbäumen und duftenden Wiesen.

Wir beschlossen, da zu übernachten. Wir saßen noch lange zusammen bei offnen Fenstern. Hohe geistige Stille umfieng uns. Erd' und Meer war seelig verstummt, wie die Sterne, die über uns hiengen. Kaum, daß ein Lüftchen von der See her uns in's Zimmer flog und zart mit unserm Lichte spielte, oder daß von ferner Musik die gewaltigern Töne zu uns drangen, indeß die Donnerwolke sich wiegt' im Bette des Aethers, und hin und wieder durch die Stille fernher tönte, wie ein schlafender Riese, wenn er stärker athmet in seinen furchtbaren Träumen.

Unsre Seelen mußten um so stärker sich nähern, weil sie wider Willen waren verschlossen gewesen. Wir begegneten einander, wie zwei Bäche, die vom Berge rollen, und die Last von Erde und Stein und faulem Holz und das ganze träge Chaos, das sie aufhält, von sich schleudern, um den Weg sich zu einander zu bahnen, und durchzubrechen bis dahin, wo sie nun ergreiffend und ergriffen mit gleicher Kraft, vereint in Einen majestätischen Strom, die Wanderung in's weite Meer beginnen.

Er, vom Schiksaal und der Barbarei der Menschen heraus, vom eignen Hause unter Fremden hin und her gejagt, von früher Jugend an erbittert und verwildert, und doch auch das innere Herz voll Liebe, voll Verlangens, aus der rauhen Hülse durchzudringen in ein freundlich Element; ich, von allem schon so innigst abgeschieden, so mit ganzer Seele fremd und einsam unter den Menschen, so lächerlich begleitet von dem Schellenklange der Welt in meines Herzens liebsten Melodien; ich, die Antipathie aller Blinden und Lahmen, und doch mir selbst zu blind und lahm, doch mir selbst so herzlich überlästig in allem, was von ferne verwandt war mit den Klugen und Vernünftlern, den Barbaren und den Wizlingen – und so voll Hoffnung, so voll einziger Erwartung eines schönern Lebens –

[...]

Ein Tag ist mir besonders gegenwärtig.

Wir waren zusammen auf's Feld gegangen, saßen vertraulich umschlungen im Dunkel des immergrünen Lorbeers, und sahn zusammen in unsern Plato, wo er so wunderbar erhaben vom Altern und Verjüngen spricht, und ruhten hin und wieder aus auf der stummen entblätterten Landschaft, wo der Himmel schöner, als je, mit Wolken und Sonnenschein um die herbstlich schlafenden Bäume spielte.

Wir sprachen darauf manches vom jezigen Griechenland, beede mit blutendem Herzen, denn der entwürdigte Boden war auch Alabandas Vaterland.

Alabanda war wirklich ungewöhnlich bewegt.

Wenn ich ein Kind ansehe, rief dieser Mensch, und denke, wie schmählich und verderbend das Joch ist, das es tragen wird, und daß es darben wird, wie wir, daß es Menschen suchen wird, wie wir, fragen wird, wie wir, nach Schönem und Wahrem, daß es unfruchtbar vergehen wird, weil es allein seyn wird, wie wir, daß es – o nehmt doch eure Söhne aus der Wiege, und werft sie in den Strom, um wenigstens vor eurer Schande sie zu retten!

Gewiß, Alabanda! sagt' ich, gewiß es wird anders.

Wodurch? erwiedert' er; die Helden haben ihren Ruhm, die Weisen ihre Lehrlinge verloren. Große Thaten, wenn sie nicht ein edel Volk vernimmt, sind mehr nicht als ein gewaltiger Schlag vor eine dumpfe Stirne, und hohe Worte, wenn sie nicht in hohen Herzen wiedertönen, sind, wie ein sterbend Blatt, das in den Koth herunterrauscht. Was willst du nun?

Ich will, sagt' ich, die Schaufel nehmen und den Koth in eine Grube werfen. Ein Volk, wo Geist und Größe keinen Geist und keine Größe mehr erzeugt, hat nichts mehr gemein, mit andern, die noch Menschen sind, hat keine Rechte mehr, und es ist ein leeres Possenspiel, ein Aberglauben, wenn man solche willenlose Leichname noch ehren will, als wär' ein Römerherz in ihnen. Weg mit ihnen! Er darf nicht stehen, wo er steht, der dürre faule Baum, er stiehlt ja Licht dem jungen Leben, das für eine neue Welt heranreift.

Alabanda flog auf mich zu, umschlang mich, und seine Küsse giengen mir in die Seele. Waffenbruder! rief er, lieber Waffenbruder! o nun hab' ich hundert Arme!

Das ist endlich einmal meine Melodie, fuhr er fort, mit einer Stimme, die, wie ein Schlachtruf, mir das Herz bewegte, mehr braucht's nicht! Du hast ein herrlich Wort gesprochen, Hyperion! Was? vom Wurme soll der Gott abhängen? Der Gott in uns, dem die Unendlichkeit zur Bahn sich öffnet, soll stehn und harren, bis der Wurm ihm aus dem Wege geht? Nein! nein! Man frägt nicht, ob ihr wollt! Ihr wollt ja nie, ihr Knechte und Barbaren! Euch will man auch nicht bessern, denn es ist umsonst! man will nur dafür sorgen, daß ihr dem Siegeslauf der Menschheit aus dem Wege geht. O! zünde mir einer die Fakel an, daß ich das Unkraut von der Haide brenne! die Mine bereite mir einer, daß ich die trägen Klöze aus der Erde sprenge!

Wo möglich, lehnt man sanft sie auf die Seite, fiel ich ein.

Alabanda schwieg eine Weile.

Ich habe meine Lust an der Zukunft, begann er endlich wieder, und faßte feurig meine beeden Hände. Gott sei Dank! ich werde kein gemeines Ende nehmen. Glüklich seyn, heißt schläfrig seyn im Munde der Knechte. Glüklich seyn! mir ist, als hätt' ich Brei und laues Wasser auf der Zunge, wenn ihr mir sprecht von glüklich seyn. So albern und so heillos ist das alles, wofür ihr hingebt eure Lorbeerkronen, eure Unsterblichkeit.

O heiliges Licht, das ruhelos, in seinem ungeheuren Reiche wirksam, dort oben über uns wandelt, und seine Seele auch mir mittheilt, in den Stralen, die ich trinke, dein Glük sei meines!

Von ihren Thaten nähren die Söhne der Sonne sich; sie leben vom Sieg; mit eignem Geist ermuntern sie sich, und ihre Kraft ist ihre Freude. –

Der Geist dieses Menschen faßte einen oft an, daß man sich hätte schämen mögen, so federleicht hinweggerissen fühlte man sich.

O Himmel und Erde! rief ich, das ist Freude! – Das sind andre Zeiten, das ist kein Ton aus meinem kindischen Jahrhundert, das ist nicht der Boden, wo das Herz des Menschen unter seines Treibers Peitsche keucht. – Ja! ja! bei deiner herrlichen Seele, Mensch! du wirst mit mir das Vaterland erretten.

Das will ich, rief er, oder untergehn.

Von diesem Tag an wurden wir uns immer heiliger und lieber. Tiefer unbeschreiblicher Ernst war unter uns gekommen. Aber wir waren nur um so seeliger zusammen. Nur in den ewigen Grundtönen seines Wesens lebte jeder, und schmuklos schritten wir fort von einer großen Harmonie zur andern. Voll herrlicher Strenge und Kühnheit war unser gemeinsames Leben.

Wie bist du denn so wortarm geworden? fragte mich einmal Alabanda mit Lächeln. In den heißen Zonen, sagt' ich, näher der Sonne, singen ja auch die Vögel nicht.

Aber es geht alles auf und unter in der Welt, und es hält der Mensch mit aller seiner Riesenkraft nichts fest. Ich sah' einmal ein Kind die Hand ausstreken, um das Mondlicht zu haschen; aber das Licht gieng ruhig weiter seine Bahn. So stehn wir da, und ringen, das wandelnde Schiksaal anzuhalten.

O wer ihm nur so still und sinnend, wie dem Gange der Sterne, zusehn könnte!

Je glüklicher du bist, um so weniger kostet es, dich zu Grunde zu richten, und die seeligen Tage, wie Alabanda und ich sie lebten, sind wie eine jähe Felsenspize, wo dein Reisegefährte nur dich anzurühren braucht, um unabsehlich, über die schneidenden Zaken hinab, dich in die dämmernde Tiefe zu stürzen.

[…]

Wir haben unsre Bräutigamstage zusammen, rief ich erheitert, da darf es wohl noch lauten, als wäre man in Arkadien. – Aber auf unser vorig Gespräch zu kommen!

Du räumst dem Staate denn doch zu viel Gewalt ein. Er darf nicht fordern, was er nicht erzwingen kann. Was aber die Liebe giebt und der Geist, das läßt sich nicht erzwingen. Das laß' er unangetastet, oder man nehme sein Gesez und schlag' es an den Pranger! Beim Himmel! der weiß nicht, was er sündigt, der den Staat zur Sittenschule machen will. Immerhin hat das den Staat zur Hölle gemacht, daß ihn der Mensch zu seinem Himmel machen wollte.

Die rauhe Hülse um den Kern des Lebens und nichts weiter ist der Staat. Er ist die Mauer um den Garten menschlicher Früchte und Blumen.

Aber was hilft die Mauer um den Garten, wo der Boden dürre liegt? Da hilft der Reegen vom Himmel allein.

O Reegen vom Himmel! o Begeisterung! du wirst den Frühling der Völker uns wiederbringen. Dich kann der Staat nicht hergebieten. Aber er störe dich nicht, so wirst du kommen, kommen wirst du, mit deinen allmächtigen Wonnen, in goldne Wolken wirst du uns hüllen und empor uns tragen über die Sterblichkeit, und wir werden staunen und fragen, ob wir noch seien, wir, die Dürftigen, die wir die Sterne fragten, ob dort uns ein Frühling blühe – frägst du mich, wann diß seyn wird? Dann, wann die Lieblingin der Zeit, die jüngste, schönste Tochter der Zeit, die neue Kirche, hervorgehn wird aus diesen beflekten veralteten Formen, wann das erwachte Gefühl des Göttlichen dem Menschen seine Gottheit, und seiner Brust die schöne Jugend wiederbringen wird, wann – ich kann sie nicht verkünden, denn ich ahne sie kaum, aber sie kömmt gewiß, gewiß. Der Tod ist ein Bote des Lebens, und daß wir jetzt schlafen in unsern Krankenhäusern, diß zeugt vom nahen gesunden Erwachen. Dann, dann erst sind wir, dann ist das Element der Geister gefunden!

Alabanda schwieg, und sah eine Weile erstaunt mich an. Ich war hingerissen von unendlichen Hoffnungen; Götterkräfte trugen, wie ein Wölkchen, mich fort –

Komm! rief ich, und faßt' Alabanda beim Gewande, komm, wer hält es länger aus im Kerker, der uns umnachtet?

Wohin, mein Schwärmer, erwiedert' Alabanda troken, und ein Schatte von Spott schien über sein Gesicht zu gleiten.

Ich war, wie aus den Wolken gefallen. Geh! sagt' ich, du bist ein kleiner Mensch!

In demselben Augenblike traten etliche Fremden in's Zimmer, auffallende Gestalten, meist hager und blaß, so viel ich im Mondlicht sehen konnte, ruhig, aber in ihren Mienen war etwas, das in die Seele gieng, wie ein Schwerd, und es war, als stünde man vor der Allwissenheit; man hätte gezweifelt, ob diß die Außenseite wäre von bedürftigen Naturen, hätte nicht hie und da der getödtete Affekt seine Spuren zurükgelassen.

Besonders einer fiel mir auf. Die Stille seiner Züge war die Stille eines Schlachtfelds. Grimm und Liebe hatt' in diesem Menschen gerast, und der Verstand leuchtete über den Trümmern des Gemüths, wie das Auge eines Habichts, der auf zerstörten Pallästen sizt. Tiefe Verachtung war auf seinen Lippen. Man ahnete, daß dieser Mensch mit keiner unbedeutenden Absicht sich befasse.

Ein andrer mochte seine Ruhe mehr einer natürlichen Herzenshärte danken. Man fand an ihm fast keine Spur einer Gewaltsamkeit, von Selbstmacht oder Schiksaal verübt.

Ein dritter mochte seine Kälte mehr mit der Kraft der Überzeugung dem Leben abgedrungen haben, und wohl noch oft im Kampfe mit sich stehen, denn es war ein geheimer Widerspruch in seinem Wesen, und es schien mir, als müßt' er sich bewachen. Er sprach am wenigsten.

Alabanda sprang auf, wie gebogner Stahl, bei ihrem Eintritt.

Wir suchten dich, rief einer von ihnen.

Ihr würdet mich finden, sagt' er lachend, wenn ich in den Mittelpunct der Erde mich verbärge. Sie sind meine Freunde, sezt' er hinzu, indeß er zu mir sich wandte.

Sie schienen mich ziemlich scharf in's Auge zu fassen.

Das ist auch einer von denen, die es gerne besser haben möchten in der Welt, rief Alabanda nach einer Weile, und wies auf mich.

Das ist dein Ernst? fragt' einer mich von den Dreien.

Es ist kein Scherz, die Welt zu bessern, sagt' ich.

Du hast viel mit einem Worte gesagt! rief wieder einer von ihnen. Du bist unser Mann! ein andrer.

Ihr denkt auch so? fragt' ich.

Frage, was wir thun! war die Antwort.

«Und wenn ich fragte?»

So würden wir dir sagen, daß wir da sind, aufzuräumen auf Erden, daß wir die Steine vom Aker lesen, und die harten Erdenklöse mit dem Karst zerschlagen, und Furchen graben mit dem Pflug, und das Unkraut an der Wurzel fassen, an der

Wurzel es durchschneiden, samt der Wurzel es ausreißen, daß es verdorre im Sonnenbrande.

Nicht, daß wir erndten möchten, fiel ein andrer ein; uns kömmt der Lohn zu spät; uns reift die Erndte nicht mehr.

Wir sind am Abend unsrer Tage. Wir irrten oft, wir hofften viel und thaten wenig. Wir wagten lieber, als wir uns besannen. Wir waren gerne bald am Ende und trauten auf das Glük. Wir sprachen viel von Freude und Schmerz, und liebten, haßten beide. Wir spielten mit dem Schiksaal und es that mit uns ein Gleiches. Vom Bettelstabe bis zur Krone warf es uns auf und ab. Es schwang uns, wie man ein glühend Rauchfaß schwingt, und wir glühten, bis die Kohle zu Asche ward. Wir haben aufgehört von Glük und Misgeschik zu sprechen. Wir sind emporgewachsen über die Mitte des Lebens, wo es grünt und warm ist. Aber es ist nicht das Schlimmste, was die Jugend überlebt. Aus heißem Metalle wird das kalte Schwerd geschmiedet. Auch sagt man, auf verbrannten abgestorbenen Vulkanen gedeihe kein schlechter Most.

Wir sagen das nicht um unsertwillen, rief ein anderer jezt etwas rascher, wir sagen es um euertwillen! Wir betteln um das Herz des Menschen nicht. Denn wir bedürfen seines Herzens, seines Willens nicht. Denn er ist in keinem Falle wider uns, denn es ist alles für uns, und die Thoren und die Klugen und die Einfältigen und die Weisen und alle Laster und alle Tugenden der Rohheit und der Bildung stehen, ohne gedungen zu seyn, in unsrem Dienst, und helfen blindlings mit zu unsrem Ziel – nur wünschten wir, es hätte jemand den Genuß davon, drum suchen wir unter den tausend blinden Gehülfen die besten uns aus, um sie zu sehenden Gehülfen zu machen – will aber niemand wohnen, wo wir bauten, unsre Schuld und unser Schaden ist es nicht. Wir thaten, was das unsre war. Will niemand sammeln, wo wir pflügten, wer verargt es uns? Wer flucht dem Baume, wenn sein Apfel in den Sumpf fällt? Ich hab's mir oft gesagt, du opferst der Verwesung, und ich endete mein Tagwerk doch.

Das sind Betrüger! riefen alle Wände meinem empfindlichen Sinne zu. Mir war, wie einem, der im Rauch erstiken will, und Thüren und Fenster einstößt, um sich hinauszuhelfen, so dürstet' ich nach Luft und Freiheit.

Sie sahn auch bald, wie unheimlich mir zu Muthe war, und brachen ab. Der Tag graute schon, da ich aus dem Khan trat, wo wir waren beisammen gewesen. Ich fühlte das Wehen der Morgenluft, wie Balsam an einer brennenden Wunde.

Ich war durch Alabandas Spott schon zu sehr gereizt, um nicht durch seine räthselhafte Bekanntschaft vollends irre zu werden an ihm.

Er ist schlecht, rief ich, ja, er ist schlecht. Er heuchelt gränzenlos Vertrauen und lebt mit solchen – und verbirgt es dir.

Mir war, wie einer Braut, wenn sie erfährt, daß ihr Geliebter insgeheim mit einer Dirne lebe.

[…]

HYPERION AN BELLARMIN.

Kannst du es hören, wirst du es begreifen, wenn ich dir von meiner langen kranken Trauer sage?

Nimm mich, wie ich mich gebe, und denke, daß es besser ist zu sterben, weil man lebte, als zu leben, weil man nie gelebt! Neide die Leidensfreien nicht, die Gözen von Holz, denen nichts mangelt, weil ihre Seele so arm ist, die nichts fragen nach Reegen und Sonnenschein, weil sie nichts haben, was der Pflege bedürfte.

Ja! ja! es ist recht sehr leicht, glüklich, ruhig zu seyn mit seichtem Herzen und eingeschränktem Geiste. Gönnen kann man's euch; wer ereifert sich denn, daß die bretterne Scheibe nicht wehklagt, wenn der Pfeil sie trift, und daß der hohle Topf so dumpf klingt, wenn ihn einer an die Wand wirft?

Nur müßt ihr euch bescheiden, lieben Leute, müßt ja in aller Stille euch wundern, wenn ihr nicht begreift, daß andre nicht auch so glüklich, auch so selbstgenügsam sind, müßt ja euch hüten, eure Weisheit zum Gesez zu machen, denn das wäre der Welt Ende, wenn man euch gehorchte.

Ich lebte nun sehr still, sehr anspruchslos in Tina. Ich ließ auch wirklich die Erscheinungen der Welt vorüberziehn, wie Nebel im Herbste, lachte manchmal auch mit nassen Augen über mein Herz, wenn es hinzuflog, um zu naschen, wie der Vogel nach der gemalten Traube, und blieb still und freundlich dabei.

Ich ließ nun jedem gerne seine Meinung, seine Unart. Ich war bekehrt, ich wollte niemand mehr bekehren, nur war mir traurig, wenn ich sah, daß die Menschen glaubten, ich lasse darum ihr Possenspiel unangetastet, weil ich es so hoch und theuer achte, wie sie. Ich mochte nicht gerade ihrer Albernheit mich unterwerfen, doch sucht' ich sie zu schonen, wo ich konnte. Das ist ja ihre Freude, dacht' ich, davon leben sie ja!

Oft ließ ich sogar mir gefallen, mitzumachen, und wenn ich noch so seelenlos, so ohne eignen Trieb dabei war, das merkte keiner, da vermißte keiner nichts, und hätt' ich gesagt, sie möchten mir's verzeihen, so wären sie dagestanden und hätten sich verwundert und gefragt: was hast du denn uns gethan? Die Nachsichtigen!

Oft, wenn ich des Morgens dastand unter meinem Fenster und der geschäftige Tag mir entgegenkam, konnt' auch ich

mich augenbliklich vergessen, konnte mich umsehn, als jetzt'
ich etwas vornehmen, woran mein Wesen seine Lust noch
hätte, wie ehmals, aber da schalt ich mich, da besann ich
mich, wie einer, dem ein Laut aus seiner Muttersprache ent-
fährt, in einem Lande, wo sie nicht verstanden wird – wohin,
mein Herz? sagt' ich verständig zu mir selber und gehorchte
mir.

Was ist's denn, daß der Mensch so viel will? fragt' ich oft;
was soll denn die Unendlichkeit in seiner Brust? Unendlich-
keit? wo ist sie denn? wer hat sie denn vernommen? Mehr will
er, als er kann! das möchte wahr seyn! O! das hast du oft ge-
nug erfahren. Das ist auch nötig, wie es ist. Das giebt das süße,
schwärmerische Gefühl der Kraft, daß sie nicht ausströmt, wie
sie will, das eben macht die schönen Träume von Unsterblich-
keit und all' die holden und die kolossalischen Phantome, die
den Menschen tausendfach entzüken, das schafft dem Men-
schen sein Elysium und seine Götter, daß seines Lebens Linie
nicht grad ausgeht, daß er nicht hinfährt, wie ein Pfeil, und
eine fremde Macht dem Fliehenden in den Weg sich wirft.

Des Herzens Wooge schäumte nicht so schön empor, und
würde Geist, wenn nicht der alte stumme Fels, das Schiksaal,
ihr entgegenstände.

Aber dennoch stirbt der Trieb in unserer Brust, und mit
ihm unsre Götter und ihr Himmel.

Das Feuer geht empor in freudigen Gestalten, aus der dun-
keln Wiege, wo es schlief, und seine Flamme steigt und fällt,
und bricht sich und umschlingt sich freudig wieder, bis ihr
Stoff verzehrt ist, nun raucht und ringt sie und erlischt; was
übrig ist, ist Asche.

So geht's mit uns. Das ist der Inbegriff von allem, was in
schrökendreizenden Mysterien die Weisen uns erzählen.

Und du? was frägst du dich? Daß so zuweilen etwas in dir auffährt, und, wie der Mund des Sterbenden, dein Herz in Einem Augenblike so gewaltsam dir sich öffnet und verschließt, das gerade ist das böse Zeichen.

Sei nur still, und laß es seinen Gang jetzt! künstle nicht! versuche kindisch nicht, um eine Ehle länger dich zu machen! – Es ist, als wolltest du noch eine Sonne schaffen, und neue Zöglinge für sie, ein Erdenrund und einen Mond erzeugen.

So träumt' ich hin. Geduldig nahm ich nach und nach von allem Abschied. – O ihr Genossen meiner Zeit! fragt eure Ärzte nicht und nicht die Priester, wenn ihr innerlich vergeht!

Ihr habt den Glauben an alles Große verloren; so müßt, so müßt ihr hin, wenn dieser Glaube nicht wiederkehrt, wie ein Komet aus fremden Himmeln.

HYPERION AN BELLARMIN.

Es giebt ein Vergessen alles Daseyns, ein Verstummen unsers Wesens, wo uns ist, als hätten wir alles gefunden.

Es giebt ein Verstummen, ein Vergessen alles Daseyns, wo uns ist, als hätten wir alles verloren, eine Nacht unsrer Seele, wo kein Schimmer eines Sterns, wo nicht einmal ein faules Holz uns leuchtet.

Ich war nun ruhig geworden. Nun trieb mich nichts mehr auf um Mitternacht. Nun sengt' ich mich in meiner eignen Flamme nicht mehr.

Ich sah nun still und einsam vor mich hin, und schweift' in die Vergangenheit und in die Zukunft mit dem Auge nicht. Nun drängte Fernes und Nahes sich in meinem Sinne nicht mehr; die Menschen, wenn sie mich nicht zwangen, sie zu sehen, sah ich nicht.

Sonst lag oft, wie das ewigleere Faß der Danaiden, vor meinem Sinne diß Jahrhundert, und mit verschwenderischer Liebe goß meine Seele sich aus, die Lüken auszufüllen; nun sah ich keine Lüke mehr, nun drükte mich des Lebens Langeweile nicht mehr.

Nun sprach ich nimmer zu der Blume, du bist meine Schwester! und zu den Quellen, wir sind Eines Geschlechts! ich gab nun treulich, wie ein Echo, jedem Dinge seinen Nahmen.

Wie ein Strom an dürren Ufern, wo kein Weidenblatt im Wasser sich spiegelt, lief unverschönert vorüber an mir die Welt.

HYPERION AN BELLARMIN.

Es kann nichts wachsen und nichts so tief vergehen, wie der Mensch. Mit der Nacht des Abgrunds vergleicht er oft sein Leiden und mit dem Aether seine Seeligkeit, und wie wenig ist dadurch gesagt?

Aber schöner ist nichts, als wenn es so nach langem Tode wieder in ihm dämmert, und der Schmerz, wie ein Bruder, der fernher dämmernden Freude entgegengeht.

O es war ein himmlisch Ahnen, womit ich jetzt den kommenden Frühling wieder begrüßte! Wie fernher in schweigender Luft, wenn alles schläft, das Saitenspiel der Geliebten, so umtönten seine leisen Melodien mir die Brust, wie von Elysium herüber, vernahm ich seine Zukunft, wenn die todten Zweige sich regten und ein lindes Wehen meine Wange berührte.

Holder Himmel Ioniens! so war ich nie an dir gehangen, aber so ähnlich war dir auch nie mein Herz gewesen, wie damals, in seinen heitern zärtlichen Spielen. –

Wer sehnt sich nicht nach Freuden der Liebe und großen Thaten, wenn im Auge des Himmels und im Busen der Erde der Frühling wiederkehrt?

Ich erhob mich, wie vom Krankenbette, leise und langsam, aber von geheimen Hoffnungen zitterte mir die Brust so seelig, daß ich drüber vergaß, zu fragen, was diß zu bedeuten habe.

Schönere Träume umfiengen mich jetzt im Schlafe, und wenn ich erwachte, waren sie mir im Herzen, wie die Spur eines Kusses auf der Wange der Geliebten. O das Morgenlicht und ich, wir giengen nun uns entgegen, wie versöhnte Freunde, wenn sie noch etwas fremde thun, und doch den nahen unendlichen Augenblik des Umarmens schon in der Seele tragen.

Es that nun wirklich einmal wieder mein Auge sich auf, freilich, nicht mehr, wie sonst, gerüstet und erfüllt mit eigner Kraft, es war bittender geworden, es fleht' um Leben, aber es war mir im Innersten doch, als könnt' es wieder werden mit mir, wie sonst, und besser.

Ich sahe die Menschen wieder an, als sollt' auch ich wirken und mich freuen unter ihnen. Ich schloß mich wirklich herzlich überall an.

Himmel! wie war das eine Schadenfreude, daß der stolze Sonderling nun Einmal war, wie ihrer einer, geworden! wie hatten sie ihren Scherz daran, daß den Hirsch des Waldes der Hunger trieb, in ihren Hühnerhof zu laufen! –

Ach! meinen Adamas sucht' ich, meinen Alabanda, aber es erschien mir keiner.

Endlich schrieb ich auch nach Smyrna, und es war, als sammelt' alle Zärtlichkeit und alle Macht des Menschen in Einen Moment sich, da ich schrieb; so schrieb ich dreimal, aber keine Antwort, ich flehte, drohte, mahnt' an alle Stunden der Liebe und der Kühnheit, aber keine Antwort von dem Unvergeßlichen, bis in den Tod geliebten – Alabanda! rief ich, o mein Alabanda! du hast den Stab gebrochen über mich. Du hieltest mich noch aufrecht, warst die lezte Hoffnung meiner Jugend! Nun will ich nichts mehr! nun ist's heilig und gewiß!

Wir bedauern die Todten, als fühlten sie den Tod, und die Todten haben doch Frieden. Aber das, das ist der Schmerz, dem keiner gleichkömmt, das ist unaufhörliches Gefühl der gänzlichen Zernichtung, wenn unser Leben seine Bedeutung so verliert, wenn so das Herz sich sagt, du mußt hinunter und nichts bleibt übrig von dir; keine Blume hast du gepflanzt, keine Hütte gebaut, nur daß du sagen könntest: ich lasse eine Spur zurük auf Erden. Ach! und die Seele kann immer so voll Sehnens seyn, bei dem, daß sie so muthlos ist!

Ich suchte immer etwas, aber ich wagte das Auge nicht aufzuschlagen vor den Menschen. Ich hatte Stunden, wo ich das Lachen eines Kindes fürchtete.

Dabei war ich meist sehr still und geduldig, hatte oft auch einen wunderbaren Aberglauben an die Heilkraft mancher Dinge; von einer Taube, die ich kaufte, von einer Kahnfahrt, von einem Thale, das die Berge mir verbargen, konnt' ich Trost erwarten.

Genug! genug! wär' ich mit Themistocles aufgewachsen, hätt' ich unter den Scipionen gelebt, meine Seele hätte sich wahrlich nie von dieser Seite kennen gelernt.

HYPERION AN BELLARMIN.

Zuweilen regte noch sich eine Geisteskraft in mir. Aber freilich nur zerstörend!

Was ist der Mensch? konnt' ich beginnen; wie kommt es, daß so etwas in der Welt ist, das, wie ein Chaos, gährt, oder modert, wie ein fauler Baum, und nie zu einer Reife gedeiht? Wie duldet diesen Heerling die Natur bei ihren süßen Trauben?

Zu den Pflanzen spricht er, ich war auch einmal, wie ihr! und zu den reinen Sternen, ich will werden, wie ihr, in einer andren Welt! inzwischen bricht er auseinander und treibt hin und wieder seine Künste mit sich selbst, als könnt' er, wenn es einmal sich aufgelöst, Lebendiges zusammensezen, wie ein Mauerwerk; aber es macht ihn auch nicht irre, wenn nichts gebessert wird durch all sein Thun; es bleibt doch immerhin ein Kunststük, was er treibt.

O ihr Armen, die ihr das fühlt, die ihr auch nicht sprechen mögt von menschlicher Bestimmung, die ihr auch so durch und durch ergriffen seid vom Nichts, das über uns waltet, so gründlich einseht, daß wir geboren werden für Nichts, daß wir lieben ein Nichts, glauben an's Nichts, uns abarbeiten für Nichts, um mälig überzugehen in's Nichts – was kann ich dafür, daß euch die Knie brechen, wenn ihr's ernstlich bedenkt? Bin ich doch auch schon manchmal hingesunken in diesen Gedanken, und habe gerufen, was legst du die Axt mir an die Wurzel, grausamer Geist? und bin noch da.

O einst, ihr finstern Brüder! war es anders. Da war es über uns so schön, so schön und froh vor uns; auch diese Herzen wallten über vor den fernen seeligen Phantomen, und kühn frohlokkend drangen auch unsere Geister aufwärts und durchbrachen die Schranke, und wie sie sich umsahn, wehe, da war es eine unendliche Leere.

O! auf die Knie kann ich mich werfen und meine Hände ringen und flehen, ich weiß nicht wen? um andre Gedanken.

Aber ich überwältige sie nicht, die schreiende Wahrheit. Hab'
ich mich nicht zwiefach überzeugt? Wenn ich hinsehe in's Le-
ben, was ist das lezte von allem? Nichts. Wenn ich aufsteige im
Geiste, was ist das Höchste von allem? Nichts.

Aber stille, mein Herz! Es ist ja deine lezte Kraft, die du
verschwendest! deine lezte Kraft? und du, du willst den Him-
mel stürmen? wo sind denn deine hundert Arme, Titan, wo
dein Pelion und Ossa, deine Treppe zu des Göttervaters Burg
hinauf, damit du hinaufsteigst und den Gott und seinen Göt-
tertisch und all' die unsterblichen Gipfel des Olymps herab-
wirfst und den Sterblichen predigest: bleibt unten, Kinder
des Augenbliks! strebt nicht in diese Höhen herauf, denn es
ist nichts hier oben.

Das kannst du lassen, zu sehn, was über andere waltet. Dir
gilt deine neue Lehre. Über dir und vor dir ist es freilich leer
und öde, weil es in dir leer und öd' ist.

Freilich, wenn ihr reicher seid, als ich, ihr andern, könntet
ihr doch wohl auch ein wenig helfen.

Wenn euer Garten so voll Blumen ist, warum erfreut ihr
Othem mich nicht auch? – Wenn ihr so voll der Gottheit seid,
so reicht sie mir zu trinken. An Festen darbt ja niemand, auch
der ärmste nicht. Aber Einer nur hat seine Feste unter euch;
das ist der Tod.

Noth und Angst und Nacht sind eure Herren. Die sondern
euch, die treiben euch mit Schlägen an einander. Den Hun-
ger nennt ihr Liebe, und wo ihr nichts mehr seht, da wohnen
eure Götter. Götter und Liebe?

O die Poëten haben recht, es ist nichts so klein und wenig,
woran man sich nicht begeistern könnte.

So dacht' ich. Wie das alles in mich kam, begreif' ich noch
nicht.

[...]

HYPERION AN BELLARMIN.

Laß uns vergessen, daß es eine Zeit giebt und zähle die Lebenstage nicht!

Was sind Jahrhunderte gegen den Augenblik, wo zwei Wesen so sich ahnen und nahn?

Noch seh' ich den Abend, an dem Notara zum erstenmale zu ihr in's Haus mich brachte.

Sie wohnte nur einige hundert Schritte von uns am Fuße des Bergs.

Ihre Mutter war ein denkend zärtlich Wesen, ein schlichter fröhlicher Junge der Bruder, und beede gestanden herzlich in allem Thun und Lassen, daß Diotima die Königin des Hauses war.

Ach! es war alles geheiliget, verschönert durch ihre Gegenwart. Wohin ich sah, was ich berührte, ihr Fußteppich, ihr Polster, ihr Tischchen, alles war in geheimem Bunde mit ihr. Und da sie zum erstenmale mit Nahmen mich rief, da sie selbst so nahe mir kam, daß ihr unschuldiger Othem mein lauschend Wesen berührte! –

Wir sprachen sehr wenig zusammen. Man schämt sich seiner Sprache. Zum Tone möchte man werden und sich vereinen in Einen Himmelsgesang.

Wovon auch sollten wir sprechen? Wir sahn nur uns. Von uns zu sprechen, scheuten wir uns.

Vom Leben der Erde sprachen wir endlich.

So feurig und kindlich ist ihr noch keine Hymne gesungen worden.

Es that uns wohl, den Überfluß unsers Herzens der guten Mutter in den Schoos zu streuen. Wir fühlten uns dadurch erleichtert, wie die Bäume, wenn ihnen der Sommerwind die fruchtbaren Äste schüttelt, und ihre süßen Äpfel in das Gras gießt.

Wir nannten die Erde eine der Blumen des Himmels, und den Himmel nannten wir den unendlichen Garten des Lebens. Wie die Rosen sich mit goldnen Stäubchen erfreuen, sagten wir, so erfreue das heldenmüthige Sonnenlicht mit seinen Strahlen die Erde; sie sei ein herrlich lebend Wesen, sagten wir, gleich göttlich, wenn ihr zürnend Feuer oder mildes klares Wasser aus dem Herzen quille, immer glüklich, wenn sie von Thautropfen sich nähre, oder von Gewitterwolken, die sie sich zum Genusse bereite mit Hülfe des Himmels, die immer treuer liebende Hälfte des Sonnengotts, ursprünglich jetzt inniger mit ihm vereint, dann aber durch ein allwaltend Schiksaal geschieden von ihm, damit sie ihn suche, sich nähere, sich entferne und unter Lust und Trauer zur höchsten Schönheit reife.

So sprachen wir. Ich gebe dir den Innhalt, den Geist davon. Aber was ist er ohne das Leben?

Es dämmerte, und wir mußten gehen. Gute Nacht, ihr Engelsaugen! dacht' ich im Herzen, und erscheine du bald mir wieder, schöner göttlicher Geist, mit deiner Ruhe und Fülle! [...]

[…]

Wie ein unermeßlicher Schiffbruch, wenn die Orkane verstummt sind und die Schiffer entflohn, und der Leichnam der zerschmetterten Flotte unkenntlich auf der Sandbank liegt, so lag vor uns Athen, und die verwaisten Säulen standen vor uns, wie die nakten Stämme eines Walds, der am Abend noch grünte, und des Nachts darauf im Feuer aufgieng.

Hier, sagte Diotima, lernt man stille seyn über sein eigen Schiksaal, es seie gut oder böse.

Hier lernt man stille seyn über Alles, fuhr ich fort. Hätten die Schnitter, die diß Kornfeld, gemäht, ihre Scheunen mit seinen Halmen bereichert, so wäre nichts verloren gegangen, und ich wollte mich begnügen, hier als Ährenleser zu stehn; aber wer gewann denn?

Ganz Europa, erwiedert' einer von den Freunden.

O ja! rief ich, sie haben die Säulen und Statuen weggeschleift und an einander verkauft, haben die edlen Gestalten nicht wenig geschäzt, der Seltenheit wegen, wie man Papagayen und Affen schäzt.

Sage das nicht! erwiedert' derselbe; und mangelt' auch wirklich ihnen der Geist von all' dem Schönen, so wär' es, weil der nicht weggetragen werden konnte und nicht gekauft.

Ja wohl! rief ich. Dieser Geist war auch untergegangen noch ehe die Zerstörer über Attika kamen. Erst, wenn die Häuser und Tempel ausgestorben, wagen sich die wilden Thiere in die Thore und Gassen.

Wer jenen Geist hat, sagte Diotima tröstend, dem stehet Athen noch, wie ein blühender Fruchtbaum. Der Künstler ergänzt den Torso sich leicht.

Wir giengen des andern Tages früh aus, sahn die Ruinen des Parthenon, die Stelle des alten Bacchustheaters, den Theseustempel, die sechzehn Säulen, die noch übrig stehn vom göttlichen Olympion; am meisten aber ergriff mich das alte Thor, wodurch man ehmals aus der alten Stadt zur neuen herauskam, wo gewiß einst tausend schöne Menschen an Einem Tage sich grüßten. Jetzt kömmt man weder in die alte noch in die neue Stadt durch dieses Thor, und stumm und öde stehet es da, wie ein vertrokneter Brunnen, aus dessen Röhren einst mit freundlichem Geplätscher das klare frische Wasser sprang.

Ach! sagt' ich, indeß wir so herumgiengen, es ist wohl ein prächtig Spiel des Schiksaals, daß es hier die Tempel niederstürzt und ihre zertrümmerten Steine den Kindern herumzuwerfen giebt, daß es die zerstümmelten Götter zu Bänken vor der Bauernhütte und die Grabmäler hier zur Ruhestätte des waidenden Stiers macht, und eine solche Verschwendung ist königlicher, als der Muthwille der Kleopatra, da sie die geschmolzenen Perlen trank; aber es ist doch Schade um all' die Größe und Schönheit!

Guter Hyperion! rief Diotima, es ist Zeit, daß du weggehst, du bist blaß und dein Auge ist müde, und du suchst dir umsonst mit Einfällen zu helfen. Komm hinaus! in's Grüne! unter die Farben des Lebens! das wird dir wohlthun.

Wir giengen hinaus in die nahegelegenen Gärten.

Die andern waren auf dem Wege mit zwei brittischen Gelehrten, die unter den Altertümern in Athen ihre Erndte hielten, in's Gespräch gerathen und nicht von der Stelle zu bringen. Ich ließ sie gerne.

Mein ganzes Wesen richtete sich auf, da ich einmal wieder mit Diotima allein mich sah; sie hatte einen herrlichen Kampf bestanden mit dem heiligen Chaos von Athen. Wie das Saitenspiel der himmlischen Muse über den uneinigen Elementen, herrschten Diotimas stille Gedanken über den Trümmern. Wie der Mond aus zartem Gewölke, hob sich ihr Geist aus schönem Leiden empor; das himmlische Mädchen stand in seiner Wehmuth da, wie die Blume, die in der Nacht am lieblichsten duftet.

Wir giengen weiter und weiter, und waren am Ende nicht umsonst gegangen.

O ihr Haine von Angele, wo der Ölbaum und die Zypresse, umeinander flüsternd, mit freundlichen Schatten sich kühlen, wo die goldne Frucht des Zitronenbaums aus dunklem Laube blinkt, wo die schwellende Traube muthwillig über den Zaun wächst, und die reife Pomeranze, wie ein lächelnder Fündling, im Wege liegt! ihr duftenden heimlichen Pfade! ihr friedlichen Size, wo das Bild des Myrthenstrauchs aus der Quelle lächelt! euch jetzt' ich nimmer vergessen.

Diotima und ich giengen eine Weile unter den herrlichen Baumen umher, bis eine große heitere Stelle sich uns darbot.

Hier sezten wir uns. Es war eine seelige Stille unter uns. Mein Geist umschwebte die göttliche Gestalt des Mädchens, wie eine Blume der Schmetterling, und all' mein Wesen erleichterte, vereinte sich in der Freude der begeisternden Betrachtung.

Bist du schon wieder getröstet, Leichtsinniger? sagte Diotima.

Ja! ja! ich bins, erwiedert' ich. Was ich verloren wähnte, hab' ich, wonach ich schmachtete, als wär' es aus der Welt verschwunden, das ist vor mir. Nein, Diotima! noch ist die Quelle der ewigen Schönheit nicht versiegt.

Ich habe dir's schon einmal gesagt, ich brauche die Götter

und die Menschen nicht mehr. Ich weiß, der Himmel ist ausgestorben, entvölkert, und die Erde, die einst überfloß von schönem menschlichem Leben, ist fast, wie ein Ameisenhaufe, geworden. Aber noch giebt es eine Stelle, wo der alte Himmel und die alte Erde mir lacht. Denn alle Götter des Himmels und alle göttlichen Menschen der Erde vergeß' ich in dir.

Was kümmert mich der Schiffbruch der Welt, ich weiß von nichts, als meiner seeligen Insel.

Es giebt eine Zeit der Liebe, sagte Diotima mit freundlichem Ernste, wie es eine Zeit giebt, in der glüklichen Wiege zu leben. Aber das Leben selber treibt uns heraus.

Hyperion! – hier ergriff sie meine Hand mit Feuer, und ihre Stimme erhub mit Größe sich – Hyperion! mich deucht, du bist zu höhern Dingen geboren. Verkenne dich nicht! der Mangel am Stoffe hielt dich zurük. Es gieng nicht schnell genug. Das schlug dich nieder. Wie die jungen Fechter, fielst du zu rasch aus, ehe noch dein Ziel gewiß und deine Faust gewandt war, und weil du, wie natürlich, mehr getroffen wurdest, als du trafst, so wurdest du scheu und zweifeltest an dir und allem; denn du bist so empfindlich, als du heftig bist. Aber dadurch ist nichts verloren. Wäre dein Gemüth und deine Thätigkeit so frühe reif geworden, so wäre dein Geist nicht, was er ist; du wärst der denkende Mensch nicht, wärst du nicht der leidende, der gährende Mensch gewesen. Glaube mir, du hättest nie das Gleichgewicht der schönen Menschheit so rein erkannt, hättest du es nicht so sehr verloren gehabt. Dein Herz hat endlich Frieden gefunden. Ich will es glauben. Ich versteh es. Aber denkst du wirklich, daß du nun am Ende seist? Willst du dich verschließen in den Himmel deiner Liebe, und die Welt, die deiner bedürfte, verdorren und erkalten lassen unter dir? Du mußt, wie der Lichtstral, herab, wie der allerfrischende Reegen, mußt du nieder in's Land der Sterblichkeit, du must erleuchten, wie Apoll, erschüttern, beleben, wie Jupiter, sonst bist du deines Himmels nicht werth. Ich bitte dich, geh nach Athen hinein, noch Einmal, und siehe die Menschen auch an, die dort herumgehn unter den Trümmern, die rohen Albaner und die andern guten kindischen Griechen, die mit einem lustigen Tanze und einem heiligen Mährchen sich trösten über die schmähliche Gewalt, die über ihnen lastet – kannst du sagen, ich schäme mich dieses Stoffs? Ich meine, er wäre doch noch bildsam. Kannst du dein Herz abwenden von den Bedürftigen? Sie sind nicht schlimm, sie haben dir nichts zu laide gethan!

Was kann ich für sie thun, rief ich.

Gieb ihnen, was du in dir hast, erwiederte Diotima, gieb – [...]

[Zweiter Band. Erstes Buch.]

[...]

DIOTIMA AN HYPERION.

Ich habe die Briefe erhalten, mein Hyperion, die du unterwegens mir schriebst. Du ergreifst mich gewaltig mit allem, was du mir sagst, und mitten in meiner Liebe schaudert mich oft, den sanften Jüngling, der zu meinen Füßen geweint, in dieses rüstige Wesen verwandelt zu sehn.

Wirst du denn nicht die Liebe verlernen?

Aber wandle nur zu! Ich folge dir. Ich glaube, wenn du

mich hassen könntest, würd' ich auch da sogar dir nachempfinden, würde mir Mühe geben, dich zu hassen und so blieben unsre Seelen sich gleich und das ist kein eitelübertrieben Wort, Hyperion.

Ich bin auch selbst ganz anders, wie sonst. Mir mangelt der heitre Blik in die Welt und die freie Lust an allem Lebendigen. Nur das Feld der Sterne zieht mein Auge noch an. Dagegen denk' ich um so lieber an die großen Geister der Vorwelt und wie sie geendet haben auf Erden, und die hohen Spartanischen Frauen haben mein Herz gewonnen. Dabei vergess' ich nicht die neuen Kämpfer, die kräftigen, deren Stunde gekommen ist, oft hör' ich ihren Siegslärm durch den Pelopones herauf mir näher brausen und näher, oft seh' ich sie, wie eine Kataracte, dort herunterwoogen durch die Epidaurischen Wälder und ihre Waffen fernher glänzen im Sonnenlichte, das, wie ein Herold, sie geleitet, o mein Hyperion! und du kömmst geschwinde nach Kalaurea herüber und grüßest die stillen Wälder unserer Liebe, grüßest mich, und fliegst nun wieder zu deiner Arbeit zurük; – und denkst du, ich fürchte den Ausgang? Liebster! manchmal wills mich überfallen, aber meine größern Gedanken halten, wie Flammen, den Frost ab. –

Lebe wohl! vollende, wie es der Geist dir gebeut! und laß den Krieg zu lange nicht dauern, um des Friedens willen, Hyperion, um des schönen, neuen, goldenen Friedens willen, wo, wie du sagtest, einst in unser Rechtsbuch eingeschrieben werden die Geseze der Natur, und wo das Leben selbst, wo sie, die göttliche Natur, die in kein Buch geschrieben werden kann, im Herzen der Gemeinde seyn wird. Lebe wohl.

Du hättest mich besänftigen sollen, meine Diotima! hättest sagen sollen, ich möchte mich nicht übereilen, möchte dem Schiksaal nach und nach den Sieg abnöthigen, wie kargen Schuldnern die Summe. O Mädchen! stille zu stehn, ist schlimmer, wie alles. Mir troknet das Blut in den Adern, so dürst' ich, weiterzukommen und muß hier müßig stehn, muß belagern und belagern, den einen Tag, wie den andern. Unser Volk will stürmen, aber das würde die aufgeregten Gemüther zum Rausch erhizen und wehe dann unsern Hoffnungen, wenn das wilde Wesen aufgährt und die Zucht und die Liebe zerreißt.

Ich weiß nicht, es kann nur noch einige Tage dauern, so muß Misistra sich ergeben, aber ich wollte, wir wären weiter. Im Lager hier ists mir, wie in gewitterhafter Luft. Ich bin ungeduldig, auch meine Leute gefallen mir nicht. Es ist ein furchtbarer Muthwill unter ihnen.

Aber ich bin nicht klug, daß ich so viel aus meiner Laune mache. Und das alte Lacedämon ists ja doch wohl werth, daß man ein wenig Sorge leidet, eh man es hat.

HYPERION AN DIOTIMA.

Es ist aus, Diotima! unsre Leute haben geplündert, gemordet, ohne Unterschied, auch unsre Brüder sind erschlagen, die Griechen in Misistra, die Unschuldigen, oder irren sie hülflos herum und ihre todte Jammermiene ruft Himmel und Erde zur Rache gegen die Barbaren, an deren Spize ich war.

Nun kann ich hingehn und von meiner guten Sache predigen. O nun fliegen alle Herzen mir zu!

Aber ich habs auch klug gemacht. Ich habe meine Leute gekannt. In der That! es war ein außerordentlich Project, durch eine Räuberbande mein Elysium zu pflanzen.

Nein! bei der heiligen Nemesis! mir ist recht geschehn und ich wills auch dulden, dulden will ich, bis der Schmerz mein lezt Bewußtseyn mir zerreißt.

Denkst du, ich tobe? Ich habe eine ehrsame Wunde, die einer meiner Getreuen mir schlug, indem ich den Greuel abwehrte. Wenn ich tobte, so riss' ich die Binde von ihr, und so ränne mein Blut, wohin es gehört, in diese trauernde Erde.

Diese trauernde Erde! die nakte! so ich kleiden wollte mit heiligen Hainen, so ich schmüken wollte mit allen Blumen des griechischen Lebens!

O es wäre schön gewesen, meine Diotima.

Nennst du mich muthlos? Liebes Mädchen! es ist des Unheils zu viel. An allen Enden brechen wütende Hauffen herein; wie eine Seuche, tobt die Raubgier in Morea und wer nicht auch das Schwerd ergreift, wird verjagt, geschlachtet und dabei sagen die Rasenden, sie fechten für unsre Freiheit. Andre des rohen Volks sind von dem Sultan bestellt und treibens, wie jene.

Eben hör' ich, unser ehrlos Heer sei nun zerstreut. Die Feigen begegneten bei Tripolissa einem Albanischen Hauffen, der um die Hälfte geringer an Zahl war. Weils aber nichts zu plündern gab, so liefen die Elenden alle davon. Die Russen, die mit uns den Feldzug wagten, vierzig brave Männer, hielten allein aus, fanden auch alle den Tod.

Und so bin ich nun mit meinem Alabanda wieder einsam, wie zuvor. Seitdem der Treue mich fallen und bluten sah in Misistra, hat er alles andre vergessen, seine Hoffnungen, seine Siegslust, seine Verzweiflung. Der Ergrimmte, der unter die Plünderer stürzte, wie ein strafender Gott, der führte nun so sanft mich aus dem Getümmel, und seine Thränen nezten mein Kleid. Er blieb auch bei mir in der Hütte, wo ich seitdem lag und ich freue mich nun erst recht darüber. Denn wär' er mit fortgezogen, so läg' er jetzt bei Tripolissa im Staub.

Wie es weiter werden soll, das weiß ich nicht. Das Schiksaal stößt mich ins Ungewisse hinaus und ich hab' es verdient; von dir verbannt mich meine eigene Schaam und wer weiß, wie lange?

Ach! ich habe dir ein Griechenland versprochen und du bekommst ein Klaglied nun dafür. Sei selbst dein Trost!
[...]

[Zweiter Band. Zweites Buch.]

[...]

HYPERION AN BELLARMIN.

Zufällig hielt das Fahrzeug, das nach Kalaurea mich bringen sollte, noch bis zum Abend sich auf, nachdem Alabanda schon den Morgen seinen Weg gegangen war.

Ich blieb am Ufer, blikte still, von den Schmerzen des Abschieds müd, in die See. von einer Stunde zur andern. Die Leidenstage der langsamsterbenden Jugend überzählte mein Geist, und irre, wie die schöne Taube, schwebt' er über dem Künftigen. Ich wollte mich stärken, ich nahm mein längstvergessenes Lautenspiel hervor, um mir ein Schiksaalslied zu singen, das ich einst in glüklicher unverständiger Jugend meinem Adamas nachgesprochen.

Ihr wandelt droben im Licht
    Auf weichem Boden, seelige Genien!
        Glänzende Götterlüfte
            Rühren euch leicht,
                Wie die Finger der Künstlerin
                Heilige Saiten.

Schiksaallos, wie der schlafende
    Säugling, athmen die Himmlischen;
        Keusch bewahrt
            In bescheidener Knospe,
                Blühet ewig
                    Ihnen der Geist,
                        Und die seeligen Augen
                            Bliken in stiller
                                Ewiger Klarheit.

Doch uns ist gegeben,
    Auf keiner Stätte zu ruhn,
        Es schwinden, es fallen
            Die leidenden Menschen
                Blindlings von einer
                    Stunde zur andern,
                        Wie Wasser von Klippe
                            Zu Klippe geworfen,
                                Jahr lang ins Ungewisse hinab.

So sang ich in die Saiten. Ich hatte kaum geendet, als ein
Boot einlief, wo ich meinen Diener gleich erkannte, der mir
einen Brief von Diotima überbrachte.

So bist du noch auf Erden? schrieb sie, und siehest das Ta-

geslicht noch? Ich dachte dich anderswo zu finden, mein Lie-
ber! Ich habe früher, als du nachher wünschtest, den Brief
erhalten, den du vor der Schlacht bei Tschesme schriebst und
so lebt' ich eine Woche lang in der Meinung, du habst dem
Tod dich in die Arme geworfen, ehe dein Diener ankam mit
der frohen Botschaft, daß du noch lebest. Ich hatt' auch oh-
nediß noch einige Tage nach der Schlacht gehört, das Schiff,
worauf ich dich wußte, sei mit aller Mannschaft in die Luft
geflogen.

Aber o süße Stimme! noch hört' ich dich wieder, noch ein-
mal rührte, wie Mailuft, mich die Sprache des Lieben, und
deine schöne Hoffnungsfreude, das holde Phantom unsers
künftigen Glüks, hat einen Augenblik auch mich getäuscht.

Lieber Träumer, warum muß ich dich weken? warum kann
ich nicht sagen, komm, und mache wahr die schönen Tage,
die du mir verheißen! Aber es ist zu spät, Hyperion, es ist zu
spät. Dein Mädchen ist verwelkt, seitdem du fort bist, ein
Feuer in mir hat mich verzehrt, und nur ein kleiner Rest ist
übrig. Entseze dich nicht! Es läutert sich alles Natürliche, und
überall windet die Blüthe des Lebens freier und freier vom
gröbern Stoffe sich los.

Liebster Hyperion! du dachtest wohl nicht, mein Schwa-
nenlied in diesem Jahre zu hören.

Fortsezung.

Bald, da du fort warst, und noch in den Tagen des Abschieds
fieng es an. Eine Kraft im Geiste, vor der ich erschrak, ein inn-
res Leben vor dem das Leben der Erd' erblaßt' und schwand,
wie Nachtlampen im Morgenroth – soll ichs sagen? ich hätte
mögen nach Delphi gehn und dem Gott der Begeisterung ei-

nen Tempel bauen unter den Felsen des alten Parnaß, und, eine neue Pythia, die schlaffen Völker mit Göttersprüchen entzünden, und meine Seele weiß, den Gottverlaßnen allen hätte der jungfräuliche Mund die Augen geöffnet und die dumpfen Stirnen entfaltet, so mächtig war der Geist des Lebens in mir! Doch müder und müder wurden die sterblichen Glieder und die ängstigende Schwere zog mich unerbittlich hinab. Ach! oft in meiner stillen Laube hab' ich um der Rosen geweint! sie welkten und welkten, und nur von Thränen färbte deines Mädchens Wange sich roth. Es waren die vorigen Bäume noch, es war die vorige Laube – da stand einst deine Diotima, dein Kind, Hyperion, vor deinen glüklichen Augen, eine Blume unter den Blumen und die Kräfte der Erde und des Himmels trafen sich friedlich zusammen in ihr; nun gieng sie, eine Fremdlingin unter den Knospen des Mais, und ihre Vertrauten, die lieblichen Pflanzen, nikten ihr freundlich, sie aber konnte nur trauern; doch gieng ich keine vorüber, doch nahm ich einen Abschied um den andern von all den Jugendgespielen, den Hainen und Quellen und säuselnden Hügeln.

Ach! oft mit schwerer süßer Mühe bin ich noch, so lang ichs konnte, auf die Höhe gegangen, wo du bei Notara gewohnt, und habe von dir mit dem Freunde gesprochen, so leichten Sinns, als möglich war, damit er nichts von mir dir schreiben sollte; bald aber, wenn das Herz zu laut ward, schlich die Heuchlerin sich hinaus in den Garten, und da war ich nun am Geländer, über dem Felsen, wo ich einst mit dir hinab sah, und hinaus in die offne Natur, ach! wo ich stand, von deinen Händen gehalten, von deinen Augen umlauscht, im ersten schaudernden Erwarmen der Liebe und die überwallende Seele auszugießen wünschte, wie einen Opferwein, in den Abgrund des Lebens, da wankt' ich nun umher und klagte dem Winde mein Laid, und wie ein scheuer Vogel, irrte mein Blik und wagt' es kaum, die schöne Erde anzusehn, von der ich scheiden sollte.

Fortsezung.

So ists mit deinem Mädchen geworden, Hyperion. Frage nicht wie? erkläre diesen Tod dir nicht! Wer solch ein Schiksaal zu ergründen denkt, der flucht am Ende sich und allem, und doch hat keine Seele Schuld daran.

Soll ich sagen, mich habe der Gram um dich getödtet? o nein! o nein! er war mir ja willkommen, dieser Gram, er gab dem Tode, den ich in mir trug, Gestalt und Anmuth; deinem Lieblinge zur Ehre stirbst du, konnt' ich nun mir sagen. – Oder ist mir meine Seele zu reif geworden in all den Begeisterungen unserer Liebe und hält sie darum mir nun, wie ein übermüthiger Jüngling, in der bescheidenen Heimath nicht mehr? sprich! war es meines Herzens Üppigkeit, die mich entzweite mit dem sterblichen Leben? ist die Natur in mir durch dich, du Herrlicher! zu stolz geworden, um sichs länger gefallen zu lassen auf diesem mittelmäßigen Sterne? Aber hast du sie fliegen gelehrt, warum lehrst du meine Seele nicht auch, dir wiederzukehren? Hast du das ätherliebende Feuer angezündet, warum hütetest du mir es nicht? – Höre mich, Lieber! um deiner schönen Seele willen! klage du dich über meinem Tode nicht an!

Konntest du denn mich halten, als dein Schiksaal dir denselben Weg wies? und, hättst du im Heldenkampfe deines Herzens mir geprediget – laß dir genügen, Kind! und schik' in die Zeit dich – wärst du nicht der eitelste von allen eiteln gewesen?

Fortsezung.

Ich will es dir gerade sagen, was ich glaube. Dein Feuer lebt'
in mir, dein Geist war in mich übergegangen; aber das hätte
schwerlich geschadet, und nur dein Schiksaal hat mein neues
Leben mir tödtlich gemacht. Zu mächtig war mir meine Seele
durch dich, sie wäre durch dich auch wieder stille geworden.
Du entzogst mein Leben der Erde, du hättest auch Macht ge-
habt, mich an die Erde zu fesseln, du hättest meine Seele, wie
in einen Zauberkreis, in deine umfangenden Arme gebannt;
ach! Einer deiner Herzensblike hätte mich vest gehalten,
Eine deiner Liebesreden hätte mich wieder zum frohen ge-
sunden Kinde gemacht; doch da dein eigen Schiksaal dich in
Geisteseinsamkeit, wie Wasserfluth auf Bergesgipfel trieb, o
da erst, als ich vollends meinte, dir habe das Wetter der
Schlacht den Kerker gesprengt und mein Hyperion sei aufge-
flogen in die alte Freiheit, da entschied sich es mit mir und
wird nun bald sich enden.

Ich habe viele Worte gemacht, und stillschweigend starb
die große Römerin doch, da im Todeskampf ihr Brutus und
das Vaterland rang. Was konnt' ich aber bessers in den besten
meiner lezten Lebenstage thun? – Auch treibt michs immer,
mancherlei zu sagen. Stille war mein Leben; mein Tod ist be-
redt. Genug!

Fortsezung.

Nur Eines muß ich dir noch sagen.

Du müßtest untergehn, verzweifeln müßtest du, doch wird
der Geist dich retten. Dich wird kein Lorbeer trösten und
kein Myrthenkranz; der Olymp jetzt, der lebendige, gegen-

wärtige, der ewig jugendlich um alle Sinne dir blüht. Die schöne Welt ist dein Olymp; in diesem wirst du leben, und mit den heiligen Wesen der Welt, mit den Göttern der Natur, mit diesen wirst du freudig seyn.

O seid willkommen, ihr Guten, ihr Treuen! ihr Tiefvermißten, Verkannten! Kinder und Älteste! Sonn' und Erd' und Aether mit allen lebenden Seelen, die um euch spielen, die ihr umspielt, in ewiger Liebe! o nimmt die allesversuchenden Menschen, nimmt die Flüchtlinge wieder in die Götterfamilie, nimmt in die Heimath der Natur sie auf, aus der sie entwichen! –

Du kennst diß Wort, Hyperion! Du hast es angefangen in mir. Du wirsts vollenden in dir, und dann erst ruhn.

Ich habe genug daran, um freudig, als ein griechisch Mädchen zu sterben.

Die Armen, die nichts kennen, als ihr dürftig Machwerk, die der Noth nur dienen und den Genius verschmähn, und dich nicht ehren, kindlich Leben der Natur! die mögen vor dem Tode sich fürchten. Ihr Joch ist ihre Welt geworden; Besseres, als ihren Knechtsdienst, kennen sie nicht; scheun die Götterfreiheit, die der Tod uns giebt!

Ich aber nicht! ich habe mich des Stükwerks überhoben, das die Menschenhände gemacht, ich hab' es gefühlt, das Leben der Natur, das höher ist, denn alle Gedanken – wenn ich auch zur Pflanze würde, wäre denn der Schade so groß? – Ich werde seyn. Wie sollt' ich mich verlieren aus der Sphäre des Lebens, worinn die ewige Liebe, die allen gemein ist, die Naturen alle zusammenhält? wie sollt' ich scheiden aus dem Bunde, der die Wesen alle verknüpft? Der bricht so leicht nicht, wie die losen Bande dieser Zeit. Der ist nicht, wie ein Markttag, wo das Volk zusammenläuft und lärmt und auseinandergeht. Nein! bei dem Geiste, der uns einiget, bei dem Gottesgeiste, der jedem eigen ist und allen gemein! nein! nein! im Bunde der Natur ist Treue kein Traum. Wir trennen uns nur, um inniger einig zu seyn, göttlicherfriedlich mit allem, mit uns. Wir sterben, um zu leben.

Ich werde seyn; ich frage nicht, was ich werde. Zu seyn, zu leben, das ist genug, das ist die Ehre der Götter; und darum ist sich alles gleich, was nur ein Leben ist, in der göttlichen Welt, und es giebt in ihr nicht Herren und Knechte. Es leben umeinander die Naturen, wie Liebende; sie haben alles gemein, Geist, Freude und ewige Jugend.

Beständigkeit haben die Sterne gewählt, in stiller Lebensfülle wallen sie stets und kennen das Alter nicht. Wir stellen im Wechsel das Vollendete dar; in wandelnde Melodien theilen wir die großen Akkorde der Freude. Wie Harfenspieler um die Thronen der Ältesten, leben wir, selbst göttlich, um die stillen Götter der Welt, mit dem flüchtigen Lebensliede mildern wir den seeligen Ernst des Sonnengotts und der andern.

Sieh auf in die Welt! Ist sie nicht, wie ein wandelnder Triumphzug, wo die Natur den ewigen Sieg über alle Verderbniß feiert? und führt nicht zur Verherrlichung das Leben den Tod mit sich, in goldenen Ketten, wie der Feldherr einst die gefangenen Könige mit sich geführt? und wir, wir sind wie die Jungfrauen und die Jünglinge, die mit Tanz und Gesang, in wechselnden Gestalten und Tönen den majestätischen Zug geleiten.

Nun laß mich schweigen. Mehr zu sagen, wäre zu viel. Wir werden wohl uns wieder begegnen. –

Trauernder Jüngling! bald, bald wirst du glüklicher seyn. Dir ist dein Lorbeer nicht gereift und deine Myrthen verblühten, denn Priester sollst du seyn der göttlichen Natur, und die dichterischen Tage keimen dir schon.

O könnt' ich dich sehn in deiner künftigen Schöne! Lebe wohl.

Zugleich erhielt ich einen Brief von Notara, worinn er mir schrieb:

Den Tag, nachdem sie dir zum leztenmal geschrieben, wurde sie ganz ruhig, sprach noch wenig Worte, sagte dann auch, daß sie lieber jetzt' im Feuer von der Erde scheiden, als begraben seyn, und ihre Asche sollten wir in eine Urne sammeln, und in den Wald sie stellen, an den Ort, wo du, mein Theurer! ihr zuerst begegnet wärst. Bald darauf, da es anfieng, dunkel zu werden, sagte sie uns gute Nacht, als wenn sie schlafen jetzt', und schlug die Arme um ihr schönes Haupt; bis gegen Morgen hörten wir sie athmen. Da es dann ganz stille wurde und ich nichts mehr hörte, gieng ich hin zu ihr und lauschte.

O Hyperion! was soll ich weiter sagen? Es war aus und unsre Klagen wekten sie nicht mehr.

Es ist ein furchtbares Geheimniß, daß ein solches Leben sterben soll und ich will es dir gestehn, ich selber habe weder Sinn noch Glauben, seit ich das mit ansah.

Doch immer besser ist ein schöner Tod, Hyperion! denn solch ein schläfrig Leben, wie das unsre nun ist.

Die Fliegen abzuwehren, das ist künftig unsre Arbeit und zu nagen an den Dingen der Welt, wie Kinder an der dürren Feigenwurzel, das ist endlich unsre Freude. Alt zu werden unter jugendlichen Völkern, scheint mir eine Lust, doch alt zu werden, da wo alles alt ist, scheint mir schlimmer, denn alles. –

Ich möchte fast dir rathen, mein Hyperion! daß du nicht hieher kommst. Ich kenne dich. Es würde dir die Sinne nehmen. Überdiß bist du nicht sicher hier. Mein Theurer! denk an Diotimas Mutter, denk an mich und schone dich!

Ich will es dir gestehn, mir schaudert, wenn ich dein Schiksaal überdenke. Aber ich meine doch auch, der brennende Sommer trokne nicht die tiefern Quellen, nur den seichten Reegenbach aus. Ich habe dich in Augenbliken gesehn, Hyperion! wo du mir ein höher Wesen schienst. Du bist nun auf der Probe, und es muß sich zeigen, wer du bist. Leb wohl.

So schrieb Notara; und du fragst, mein Bellarmin! wie jetzt mir ist, indem ich diß erzähle?

Bester! ich bin ruhig, denn ich will nichts besser haben, als die Götter. Muß nicht alles leiden? Und je treflicher es ist, je tiefer! Leidet nicht die heilige Natur? O meine Gottheit! daß du trauern könntest, wie du seelig bist, das konnt' ich lange nicht fassen. Aber die Wonne, die nicht leidet, ist Schlaf, und ohne Tod ist kein Leben. Solltest du ewig seyn, wie ein Kind und schlummern, dem Nichts gleich? den Sieg entbehren? nicht die Vollendungen alle durchlaufen? Ja! ja! werth ist der Schmerz, am Herzen der Menschen zu liegen, und dein Vertrauter zu seyn, o Natur! Denn er nur führt von einer Wonne zur andern, und es ist kein andrer Gefährte, denn er. –

Damals schrieb ich an Notara, als ich wieder anfieng aufzuleben, von Sicilien aus, wohin ein Schiff von Paros mich zuerst gebracht:

Ich habe dir gehorcht, mein Theurer! bin schon weit von euch und will dir nun auch Nachricht geben; aber schwer wird mir das Wort; das darf ich wohl gestehen. Die Seeligen, wo Diotima nun ist, sprechen nicht viel; in meiner Nacht, in der Tiefe der Traurenden, ist auch die Rede am Ende.

Einen schönen Tod ist meine Diotima gestorben; da hast du Recht; das ists auch, was mich aufwekt, und meine Seele mir wiedergiebt.

Aber es ist die vorige Welt nicht mehr, zu der ich wiederkehre. Ein Fremdling bin ich, wie die Unbegrabnen, wenn sie herauf vom Acheron kommen, und wär' ich auch auf meiner heimatlichen Insel, in den Gärten meiner Jugend, die mein Vater mir verschließt, ach! dennoch, dennoch, wär' ich auf der Erd' ein Fremdling und kein Gott knüpft' ans Vergangne mich mehr.

Ja! es ist alles vorbei. Das muß ich nur recht oft mir sagen, muß damit die Seele mir binden, daß sie ruhig bleibt, sich nicht erhizt in ungereimten kindischen Versuchen.

Es ist alles vorbei; und wenn ich gleich auch weinen könnte, schöne Gottheit, wie du um Adonis einst geweint, doch kehrt mir meine Diotima nicht wieder und meines Herzens Wort hat seine Kraft verloren, denn es hören mich die Lüfte nur.

O Gott! und daß ich selbst nichts bin, und der gemeinste Handarbeiter sagen kann, er habe mehr gethan, denn ich! daß sie sich trösten dürfen, die Geistesarmen, und lächeln und Träumer mich schelten, weil meine Thaten mir nicht reiften, weil meine Arme nicht frei sind, weil meine Zeit dem wütenden Prokrustes gleicht, der Männer, die er fieng, in eine Kinderwiege warf, und daß sie paßten in das kleine Bett, die Glieder ihnen abhieb.

Wär' es nur nicht gar zu trostlos, allein sich unter die närrische Menge zu werfen und zerrissen zu werden von ihr! oder müßt' ein edel Blut sich nur nicht schämen, mit dem Knechtsblut sich zu mischen! o gäb' es eine Fahne, Götter! wo mein Alabanda dienen möcht', ein Thermopylä, wo ich mit Ehren sie verbluten könnte, all die einsame Liebe, die mir nimmer brauchbar ist! Noch besser wär' es freilich, wenn ich leben könnte, leben, in den neuen Tempeln, in der neuversammelten Agora unsers Volks mit großer Lust den großen Kummer stillen; aber davon schweig' ich, denn ich weine nur die Kraft mir vollends aus, wenn ich an Alles denke.

Ach Notara! auch mit mir ists aus; verlaidet ist mir meine eigne Seele, weil ich ihrs vorwerfen muß, daß Diotima todt ist, und die Gedanken meiner Jugend, die ich groß geachtet, gelten mir nichts mehr. Haben sie doch meine Diotima mir vergiftet!

Und nun sage mir, wo ist noch eine Zuflucht? – Gestern war ich auf dem Aetna droben. Da fiel der große Sicilianer mir ein, der einst des Stundenzählens satt, vertraut mit der Seele der Welt, in seiner kühnen Lebenslust sich da hinabwarf in die herrlichen Flammen, denn der kalte Dichter hätte müssen am Feuer sich wärmen, sagt' ein Spötter ihm nach.

O wie gerne hätt' ich solchen Spott auf mich geladen! aber man muß sich höher achten, denn ich mich achte, um so ungerufen der Natur ans Herz zu fliegen, oder wie du es sonst noch heißen magst, denn wirklich! wie ich jezt bin, hab ich keinen Nahmen für die Dinge und es ist mir alles ungewiß.

Notara! und nun sage mir, wo ist noch Zuflucht?

In Kalaureas Wäldern? – Ja! im grünen Dunkel dort, wo unsre Bäume, die Vertrauten unsrer Liebe stehn, wo, wie ein Abendroth, ihr sterbend Laub auf Diotimas Urne fällt und ihre schönen Häupter sich auf Diotimas Urne neigen, mälig alternd, bis auch sie zusammensinken über der geliebten Asche, – da, da könnt' ich wohl nach meinem Sinne wohnen!

Aber du räthst mir, wegzubleiben, meinst, ich sei nicht sicher in Kalaurea und das mag so seyn.

Ich weiß es wohl, du wirst an Alabanda mich verweisen.

Aber höre nur! zertrümmert ist er! verwittert ist der veste, schlanke Stamm, auch er; und die Buben werden die Späne auflesen und damit ein lustig Feuer sich machen. Er ist fort; er hat gewisse gute Freunde, die ihn erleichtern werden, die ganz eigentlich geschikt sind, jedem abzuhelfen, dem das Leben etwas schwer aufliegt; zu diesen ist er auf Besuch gegangen, und warum? weil sonst nichts für ihn zu thun ist, oder, wenn du alles wissen willst, weil eine Leidenschaft am Herzen ihm nagt, und weist du auch für wen? für Diotima, die er noch im Leben glaubt, vermählt mit mir und glüklich – armer Alabanda! nun gehört sie dir und mir!

Er fuhr nach Osten hinaus und ich, ich schiffe nach Nordwest, weil es die Gelegenheit so haben will. –

Und nun lebt wohl, ihr Alle! all' ihr Theuern, die ihr mir am Herzen gelegen, Freunde meiner Jugend und ihr Eltern und ihr lieben Griechen all', ihr Leidenden!

Ihr Lüfte, die ihr mich genährt, in zarter Kindheit, und ihr dunkeln Lorbeerwälder und ihr Uferfelsen und ihr majestätischen Gewässer, die ihr Großes ahnen meinen Geist gelehrt – und ach! Trauerbilder, ihr, wo meine Schwermuth anhub, heilige Mauern, womit die Heldenstädte sich umgürtet und ihr alten Thore, die manch schöner Wanderer durchzog, ihr Tempelsäulen und du Schutt der Götter! und du, o Diotima! und ihr Thäler meiner Liebe, und ihr Bäche, die ihr sonst die seelige Gestalt gesehn, ihr Bäume, wo sie sich erheitert, ihr Frühlinge, wo sie gelebt, die Holde mit den Blumen, scheidet, scheidet nicht aus mir! doch, soll es seyn, ihr süßen Angedenken! so erlöscht auch ihr und laßt mich, denn es kann der Mensch nichts ändern und das Licht des Lebens kommt und scheidet, wie es will.

So kam ich unter die Deutschen. Ich foderte nicht viel und war gefaßt, noch weniger zu finden. Demüthig kam ich, wie der heimathlose blinde Oedipus zum Thore von Athen, wo ihn der Götterhain empfieng; und schöne Seelen ihm begegneten –

Wie anders gieng es mir!

Barbaren von Alters her, durch Fleiß und Wissenschaft und selbst durch Religion barbarischer geworden, tiefunfähig jedes göttlichen Gefühls, verdorben bis ins Mark zum Glük der heiligen Grazien, in jedem Grad der Übertreibung und der Ärmlichkeit belaidigend für jede gutgeartete Seele, dumpf und harmonielos, wie die Scherben eines weggeworfenen Gefäßes – das, mein Bellarmin! waren meine Tröster.

Es ist ein hartes Wort und dennoch sag' ichs, weil es Wahrheit ist: ich kann kein Volk mir denken, das zerrißner wäre, wie die Deutschen. Handwerker siehst du, aber keine Menschen, Denker, aber keine Menschen, Priester, aber keine Menschen, Herrn und Knechte, Jungen und gesezte Leute, aber keine Menschen – ist das nicht, wie ein Schlachtfeld, wo Hände und Arme und alle Glieder zerstükelt untereinander liegen, indessen das vergoßne Lebensblut im Sande zerrinnt?

Ein jeder treibt das Seine, wirst du sagen, und ich sag' es auch. Nur muß er es mit ganzer Seele treiben, muß nicht jede Kraft in sich erstiken, wenn sie nicht gerade sich zu seinem Titel paßt, muß nicht mit dieser kargen Angst, buchstäblich heuchlerisch das, was er heißt, nur seyn, mit Ernst, mit Liebe muß er das seyn, was er ist, so lebt ein Geist in seinem Thun, und ist er in ein Fach gedrükt, wo gar der Geist nicht leben darf, so stoß ers mit Verachtung weg und lerne pflügen!

Deine Deutschen aber bleiben gerne beim Nothwendigsten, und darum ist bei ihnen auch so viele Stümperarbeit und so wenig Freies, Ächterfreuliches. Doch das wäre zu verschmerzen, müßten solche Menschen nur nicht fühllos seyn für alles schöne Leben, ruhte nur nicht überall der Fluch der gottverlaßnen Unnatur auf solchem Volke. –

Die Tugenden der Alten sei'n nur glänzende Fehler, sagt' einmal, ich weiß nicht, welche böse Zunge; und es sind doch selber ihre Fehler Tugenden, denn da noch lebt' ein kindlicher, ein schöner Geist, und ohne Seele war von allem, was sie thaten, nichts gethan. Die Tugenden der Deutschen aber sind ein glänzend Übel und nichts weiter; denn Nothwerk sind sie nur, aus feiger Angst, mit Sclavenmühe, dem wüsten Herzen abgedrungen, und lassen trostlos jede reine Seele, die von Schönem gern sich nährt, ach! die verwöhnt vom heiligen Zusammenklang in edleren Naturen, den Mislaut nicht erträgt, der schreiend ist in all der todten Ordnung dieser Menschen.

Ich sage dir: es ist nichts Heiliges, was nicht entheiligt, nicht zum ärmlichen Behelf herabgewürdigt ist bei diesem Volk, und was selbst unter Wilden göttlichrein sich meist erhält, das treiben diese allberechnenden Barbaren, wie man so ein Handwerk treibt, und können es nicht anders, denn wo einmal ein menschlich Wesen abgerichtet ist, da dient es seinem Zwek, da sucht es seinen Nuzen, es schwärmt nicht mehr, bewahre Gott! es bleibt gesezt, und wenn es feiert und wenn es liebt und wenn es betet und selber, wenn des Frühlings holdes Fest, wenn die Versöhnungszeit der Welt die Sorgen alle löst, und Unschuld zaubert in ein schuldig Herz, wenn von der Sonne warmem Strale berauscht, der Sclave seine Ketten froh vergißt und von der gottbeseelten Luft besänftiget, die Menschenfeinde friedlich, wie die Kinder, sind – wenn selbst die Raupe sich beflügelt und die Biene schwärmt, so bleibt der Deutsche doch in seinem Fach' und kümmert sich nicht viel ums Wetter!

Aber du wirst richten, heilige Natur! Denn, wenn sie nur bescheiden wären, diese Menschen, zum Geseze nicht sich machten für die Bessern unter ihnen! wenn sie nur nicht lästerten, was sie nicht sind, und möchten sie doch lästern, wenn sie nur das Göttliche nicht höhnten! –

Oder ist nicht göttlich, was ihr höhnt und seellos nennt? Ist besser, denn euer Geschwäz, die Luft nicht, die ihr trinkt? der Sonne Stralen, sind sie edler nicht, denn all' ihr Klugen? der Erde Quellen und der Morgenthau erfrischen euern Hain; könnt ihr auch das? ach! tödten könnt ihr, aber nicht lebendig machen, wenn es die Liebe nicht thut, die nicht von euch ist, die ihr nicht erfunden. Ihr sorgt und sinnt, dem Schiksaal zu entlaufen und begreift es nicht, wenn eure Kinderkunst nichts hilft; indessen wandelt harmlos droben das Gestirn. Ihr entwürdiget, ihr zerreißt, wo sie euch duldet, die geduldige Natur, doch lebt sie fort, in unendlicher Jugend, und ihren Herbst und ihren Frühling könnt ihr nicht vertreiben, ihren Aether, den verderbt ihr nicht.

O göttlich muß sie seyn, weil ihr zerstören dürft, und dennoch sie nicht altert und troz euch schön das Schöne bleibt! –

Es ist auch herzzerreißend, wenn man eure Dichter, eure Künstler sieht, und alle, die den Genius noch achten, die das Schöne lieben und es pflegen. Die Guten! Sie leben in der Welt, wie Fremdlinge im eigenen Hauße, sie sind so recht, wie der Dulder Ulyß, da er in Bettlersgestalt an seiner Thüre saß, indeß die unverschämten Freier im Saale lärmten und fragten, wer hat uns den Landläufer gebracht?

Voll Lieb' und Geist und Hoffnung wachsen seine Musenjünglinge dem deutschen Volk' heran; du siehst sie sieben Jahre später, und sie wandeln, wie die Schatten, still und kalt, sind, wie ein Boden, den der Feind mit Salz besäete, daß er nimmer einen Grashalm treibt; und wenn sie sprechen, wehe dem! der sie versteht, der in der stürmenden Titanenkraft, wie in ihren Proteuskünsten den Verzweiflungskampf nur sieht, den ihr gestörter schöner Geist mit den Barbaren kämpft, mit denen er zu thun hat.

Es ist auf Erden alles unvollkommen, ist das alte Lied der Deutschen. Wenn doch einmal diesen Gottverlaßnen einer sagte, daß bei ihnen nur so unvollkommen alles ist, weil sie nichts Reines unverdorben, nichts Heiliges unbetastet lassen mit den plumpen Händen, daß bei ihnen nichts gedeiht, weil sie die Wurzel des Gedeihns, die göttliche Natur nicht achten, daß bei ihnen eigentlich das Leben schaal und sorgenschwer und übervoll von kalter stummer Zwietracht ist, weil sie den Genius verschmähn, der Kraft und Adel in ein menschlich Thun, und Heiterkeit ins Leiden und Lieb' und Brüderschaft den Städten und den Häußern bringt.

Und darum fürchten sie auch den Tod so sehr, und leiden, um des Austernlebens willen, alle Schmach, weil Höhers sie nicht kennen, als ihr Machwerk, das sie sich gestoppelt.

O Bellarmin! wo ein Volk das Schöne liebt, wo es den Genius in seinen Künstlern ehrt, da weht, wie Lebensluft, ein allgemeiner Geist, da öffnet sich der scheue Sinn, der Eigendünkel schmilzt, und fromm und groß sind alle Herzen und Helden gebiert die Begeisterung. Die Heimath aller Menschen ist bei solchem Volk' und gerne mag der Fremde sich verweilen. Wo aber so belaidigt wird die göttliche Natur und ihre Künstler, ach! da ist des Lebens beste Lust hinweg, und jeder andre Stern ist besser, denn die Erde. Wüster immer, öder werden da die Menschen, die doch alle schöngeboren sind; der Knechtsinn wächst, mit ihm der grobe Muth, der Rausch wächst mit den Sorgen, und mit der Üppigkeit der Hunger und die Nahrungsangst; zum Fluche wird der Seegen jedes Jahrs und alle Götter fliehn.

Und wehe dem Fremdling, der aus Liebe wandert, und zu solchem Volke kömmt, und dreifach wehe dem, der, so wie ich, von großem Schmerz getrieben, ein Bettler meiner Art, zu solchem Volke kömmt! –

Genug! du kennst mich, wirst es gut aufnehmen, Bellarmin! Ich sprach in deinem Nahmen auch, ich sprach für alle, die in diesem Lande sind und leiden, wie ich dort gelitten.

[...]

DER TOD DES EMPEDOKLES.

Ein Trauerspiel in fünf Acten.

[Auszüge]

Allgemeiner Grund. [1799]

Es ist die tiefste Innigkeit, die sich im tragischdramatischen Gedichte ausdrükt. Die tragische Ode stellt das Innige auch in den positivsten Unterscheidungen dar, in wirklichen Gegensäzen, aber diese Gegensäze sind doch mehr blos in der Form und als unmittelbare Sprache der Empfindung vorhanden. Das tragische Gedicht verhüllt die Innigkeit in der Darstellung noch mehr, drükt sie in stärkeren Unterscheidungen aus, weil es eine tiefere Innigkeit, ein unendlicheres Göttliches ausdrükt. Die Empfindung drükt sich nicht mehr unmittelbar aus, es ist nicht mehr der Dichter und seine eigene Erfahrung, was erscheint, wenn schon jedes Gedicht, so auch das tragische aus poëtischem Leben und Wirklichkeit, aus des Dichters eigener Welt und Seele hervorgegangen seyn muß, weil sonst überall die rechte Wahrheit fehlt, und überhaupt nichts verstanden und belebt werden kann, wenn wir nicht das eigene Gemüth und die eigene Erfahrung in einen fremden analogischen Stoff übertragen können. Auch im tragischdramatischen Gedichte spricht sich also das Göttliche aus, das der Dichter in seiner Welt empfindet und erfährt, auch das tragischdramatische Gedicht ist ihm ein Bild des Lebendigen, das ihm in seinem Leben gegenwärtig ist und war; aber wie dieses Bild der Innigkeit überall seinen lezten Grund in eben dem Grade mehr verläugnet und verläugnen muß, wie es überall mehr dem Symbol sich nähern muß, je unendlicher, je unaussprechlicher, je näher dem *nefas* die Innigkeit ist, je strenger und kälter das Bild den Menschen und sein empfundenes Element unterscheiden muß um die Empfindung in ihrer Gränze vestzuhalten, um so weniger kann das Bild die

Empfindung unmittelbar aussprechen, es muß sie so wohl der Form als dem Stoffe nach verläugnen, der Stoff muß ein kühneres fremderes Gleichniß und Beispiel von ihr seyn, die Form muß mehr den Karakter der Entgegensezung und Trennung tragen. Eine andre Welt, fremde Begebenheiten, fremde Karaktere, doch wie jedes kühneres Gleichniß, dem Grundstoff um so inniger anpassendes, blos in der äußeren Gestalt heterogenes, denn wäre diese innige Verwandtschaft des Gleichnisses mit dem Stoffe, die karakteristische Innigkeit, die dem Bilde zum Grunde liegt, nicht sichtbar, so wäre seine Entlegenheit, seine fremde Gestalt nicht erklärlich. Die fremden Formen müssen um so lebendiger seyn, je fremder sie sind, und je weniger der sichtbare Stoff des Gedichts dem Stoffe der zum Grunde liegt, dem Gemüth und der Welt des Dichters gleicht, um so weniger darf sich der Geist, das Göttliche, wie es der Dichter in seiner Welt empfand, in dem künstlichen fremden Stoffe verläugnen. […]

Erster Act.

Panthea. Delia.

Panthea.

Diß ist sein Garten! dort im geheimen
Dunkel, wo die Quelle springt, dort stand er
jüngst, als ich vorübergieng – du
hast ihn nie gesehn?

Delia.

O Panthea!
Bin ich doch erst seit gestern mit dem
Vater in Sicilien. Doch ehmals, da
ich noch ein Kind war, sah ich
ihn auf einem Kämpfer-
wagen bei den Spielen in Olympia.
Sie sprachen damals viel von ihm, und immer
ist sein Nahme mir geblieben.

Panthea.

Du must ihn jezt sehn! jezt!
Man sagt, die Pflanzen merkten auf
ihn, wo er wandre, und die Wasser unter der Erde
strebten herauf da wo sein Stab den Boden berühre!
und wenn er bei Gewittern in den Himmel blike
theile die Wolke sich und hervorschimmre der
heitre Tag. – Das all mag wahr seyn! doch
was sagts? du must ihn selbst sehn! einen

Augenblik! und dann hinweg! ich meid' ihn selbst –
ein furchtbar allverwandelnd Wesen ist in ihm.

Delia.

Wie lebt er mit andern? Ich begreife nichts
von diesem Manne,
Hat er, wie wir auch seine leeren Tage,
Wo man sich alt und unbedeutend dünkt
Und giebt es auch ein menschlich Laid für ihn?

Panthea.

Ach! da ich ihn zum leztenmale dort
Im Schatten seiner Bäume sah, da hatt er wohl
Sein eigen tiefes Laid – der Göttliche
Mit wunderbarem Sehnen, traurigforschend
Wie wenn er viel verloren, blikt er bald
Zur Erd' hinab, bald durch die Dämmerung
Des Hains hinauf, als wär' ins ferne Blau
Das Leben ihm entflogen, und die Demuth
Des königlichen Angesichts ergriff
Mein ringend Herz – auch du must untergehn,
Du schöner Stern! und lange währts es nicht mehr!
Das ahnte mir –

Delia.

Hast du mit ihm auch schon

Gesprochen, Panthea?

Panthea.

O daß du daran mich erinnerst! Es ist nicht lange
daß ich todeskrank danieder lag. Schon dämmerte
der klare Tag vor mir und um die Sonne
wankte, wie ein seellos Schattenbild, die Welt.
Da rief mein Vater, wenn er schon
ein arger Feind des hohen Mannes ist, am hof-

128

nunglosen Tage den Vertrauten der Natur,
und als der Herrliche den Heiltrank mir
gereicht, da schmolz in zaubrischer Versöhnung
mir mein kämpfend Leben ineinander, und wie
zurükgekehrt in süße sinnenfreie
Kindheit schlief ich wachend viele Tage fort. Wie
nun in frischer Lust mein Wesen sich zum erstenmale
wieder der langentbehrten Welt entfaltete, mein
Auge sich in jugendlicher Neugier dem Tag er-
schloß, da stand er, Empedokles! o wie göttlich
und wie gegenwärtig mir! am Lächeln seiner Augen
blühte mir das Leben wieder auf! ach
wie ein Morgenwölkchen floß mein Herz dem
hohen süßen Licht entgegen und ich war der zarte
Wiederschein von ihm.

Delia.

O Panthea!

Panthea.

Der Ton aus seiner Brust! in jede Sylbe
klangen alle Melodien! und der
Geist in seinem Wort! – zu seinen Füßen
möcht' ich sizen, stundenlang, als seine Schülerin
sein Kind, in seinen Aether schaun, und
zu ihm auf frohlokken, bis in seines Himmels
Höhe sich mein Sinn verirrte.

Delia.

Was würd' er sagen, Liebe, wenn ers wüßte!

Panthea.

Er weiß es nicht. Der Unbedürftge wandelt
In seiner eignen Welt; in leiser Götterruhe geht
Er unter seinen Blumen, und es scheun

Die Lüfte sich, den Glüklichen zu stören,
Und aus sich selber wächst in steigendem
Vergnügen die Begeisterung ihm auf,
Bis aus der Nacht des schöpfrischen Entzükens,
Wie ein Funke, der Gedanke springt,
Und heiter sich die Geister künftger Thaten
In seiner Seele drängen, und die Welt,
Der Menschen gährend Leben und die größre
Die Natur um ihn erscheint – hier fühlt er, wie ein Gott
In seinen Elementen sich, und seine Lust
Ist himmlischer Gesang, dann tritt er auch
Heraus ins Volk, an Tagen, wo die Menge
Sich überbraust und eines Mächtigern
Der unentschlossene Tumult bedarf,
Da herrscht er dann, der herrliche Pilot
Und hilft hinaus und wenn sie nun erst recht
Genug ihn sehn, des immerfremden Manns sich
Gewöhnen möchten, ehe sie's gewahren,
Ist er hinweg, – ihn zieht in seine Schatten
Die stille Pflanzenwelt, wo er sich schöner findet,
Und ihr geheimnißvollers Leben, das vor ihm
In seinen Kräften allen gegenwärtig ist.

                    Delia.
O Sprecherin! wie weist du denn das alles?

                    Panthea.
Ich sinn ihm nach – wie viel ist über ihn
Mir noch zu sinnen? ach! hab ich ihn
Gefaßt, was ists? Er selbst zu seyn, das ist
Das Leben und wir andern sind der Traum davon. –
Sein Freund Pausanias hat auch von ihm
Schon manches mir erzählt – der Jüngling sieht

Ihn Tag vor Tag, und Jovis Adler ist
Nicht stolzer, denn Pausanias – ich glaub' es wohl!

Delia.

Ich kann nicht tadeln Liebe, was du sagst,
Doch trauert meine Seele wunderbar
Darüber, und ich möchte seyn, wie du,
Und möcht' es wieder nicht. Seid ihr denn all
Auf dieser Insel so? Wir haben auch
An großen Männern unsre Lust, und Einer
Ist izt die Sonne der Athenerinnen,
Sophokles! jede wünscht sich, ein Gedanke
Des Herrlichen zu seyn, und möchte gern
Die immerschöne Jugend, eh sie welkt
Hinüber in des Dichters Seele retten
Und frägt und sinnet, wer sie sei, die hohe
Die zärtlichernste fromme Heroide,
Die er Antigonä genannt; und helle wirds
Um unsre Stirne, wenn der Götterfreund
Am heitern Festtag ins Theater tritt,
Doch kummerlos ist unser Wohlgefallen,
Und nie verliert das liebe Herz sich so
In schmerzlich fortgerißner Huldigung –
Du opferst dich – ich glaub es wohl, er ist
Zu übergroß, um ruhig dich zu lassen,
Den unbegränzten liebst du unbegränzt,
Was hilft es ihm? dir selbst, dir ahndete
Sein Untergang, du gutes Kind und du
Sollst untergehn mit ihm?

Panthea.

O mache mich

Nicht stolz, und fürchte wie für ihn, für mich nicht!

Ich bin nicht er, und wenn er untergeht,
So kann sein Untergang der meinige
Nicht seyn, denn groß ist auch der Tod der Großen.
Was diesem Manne widerfährt,
Das, glaube mir, das widerfährt nur ihm,
Und hätt' er gegen alle Götter sich
Versündiget und ihren Zorn auf sich
Geladen, und ich wollte sündigen,
Wie er, um gleiches Loos mit ihm zu leiden,
So wärs, wie wenn ein Fremder in den Streit
Der Liebenden sich mischt, – was willst du? sprächen
Die Götter nur, du Thörin kannst uns nicht
Belaidigen, wie er.

Delia.

Du bist vieleicht

Ihm gleicher als du denkst, wie fändst du sonst
An ihm ein Wohlgefallen?

Panthea.

Liebes Herz!

Ich weiß es selber nicht, warum ich ihm
Gehöre – sähst du ihn! – Ich dacht' er käme
Vieleicht heraus, du hättest dann im Weggehn ihn
Gesehn, – es war ein Wunsch! nicht wahr? ich sollte
Der Wünsche mich entwöhnen, denn es scheint
Als liebten unser ungeduldiges
Gebet die Götter nicht, sie haben recht!
Ich will auch nimmer – aber hoffen muß
Ich doch, ihr guten Götter, und ich weiß
Nicht anderes, denn ihn – ich wollte gern
Ich bäte gleich den Übrigen, von euch
Nur Sonnenlicht und Reegen, könnt' ich nur!

O ewiges Geheimniß, was wir sind
Und suchen, können wir nicht finden; was
Wir finden, sind wir nicht – wie viel ist wohl
Die Stunde, Delia?

                    Delia.

          Dort kommt dein Vater.
Ich weiß nicht, bleiben oder gehen wir –

                    Panthea.

Wie sagtest du? mein Vater? komm! hinweg!

          Kritias. Hermokrates.

          Hermokrates.

Wer geht dort?

                    Kritias.

          Meine Tochter, wie mir dünkt,
Und Delia, des Gastfreunds Tochter, der
In meinem Hauße gestern eingekehrt ist.

                    Hermokrates.

Ists Zufall? oder suchen sie ihn auch
Und glauben, wie das Volk, er sei entschwunden?

                    Kritias.

Die wunderbare Sage kam bis izt wohl nicht
Vor meiner Tochter Ohren. Doch sie hängt
An ihm wie alle; wär er hinweg gegangen –
In Wälder oder Wüsten, übers Meer
Hinüber oder in die Erd hinab – wohin
Ihn treiben mag der unbeschränkte Sinn.

                    Hermokrates.

Mit nichten! denn sie müßten noch ihn sehn,
Damit der wilde Wahn von ihnen weicht.

Kritias.

Wo ist er wohl?

Hermokrates.

Nicht fern von hier. Da sizt

Er seelenlos im Dunkel. Denn es haben
Die Götter seine Kraft von ihm genommen,
Seit jenem Tage, da der trunkne Mann
Vor allem Volk sich einen Gott genannt.[*]

Kritias.

Das Volk ist trunken, wie er selber ist.
Sie hören kein Gesez, und keine Noth
Und keinen Richter; die Gebräuche sind
Von unverständlichem Gebrause, gleich
Den friedlichen Gestaden, überschwemmt,
Ein Fest für alle Feste und der Götter
Bescheidne Feiertage haben sich
In Eins verloren. Allverdunkelnd hüllt
Der Zauberer den Himmel und die Erd'
Ins Ungewitter das er uns gemacht,
Und siehet zu und freut sich seines Geists
In seiner stillen Halle.

Hermokrates.

Mächtig war

Die Seele dieses Mannes unter euch.

---

[*] Bei uns ist so etwas mehr eine Sünde gegen den Verstand, bei den Alten war es von dieser Seite verzeihlicher, weil es ihnen begreiflicher war. Nicht Ungereimtheit, Verbrechen war es ihnen. Aber sie verzeihen es nicht, weil ihr zarter Freiheitsinn kein solches Wort ertragen wollte. Eben weil sie es mehr ehrten und verstanden, fürchteten sie auch mehr den Übermuth des Genies. Uns ist es nicht gefährlich, weil wir nicht berührbar sind dafür.

Kritias.

Ich sage dir: sie wissen nichts denn ihn
Und wünschen alles nur von ihm zu haben,
Er soll ihr Gott, er soll ihr König seyn.
Ich selber stand in tiefer Schaam vor ihm
Da er vom Tode mir mein Kind gerettet.
Wofür erkennst du ihn, Hermokrates?

Hermokrates.

Es haben ihn die Götter sehr geliebt.
Doch nicht ist er der Erste, den sie drauf
Hinab in sinnenlose Nacht verstoßen,
Vom Gipfel ihres gütigen Vertrauns
Weil er des Unterschieds zu sehr vergaß
Im übergroßen Glük, und sich allein
Nur fühlte; so ergieng es ihm, er ist
Mit gränzenloser Oede nun gestraft –
Doch ist die lezte Stunde noch für ihn
Nicht da; denn noch erträgt der Langverwöhnte
Die Schmach in seiner Seele nicht, sorg' ich,
Und sein entschlafner Geist entzündet nun an
Seiner Rache sich und, halberwacht,
Ein fürchterlicher Träumer spricht
Er, gleich den alten Übermüthigen,
Die mit dem Schilfrohr Asien durchwandern,
Einst durch sein Wort geworden sein die Götter.
Nun steht die weite lebensreiche Welt
Wie sein verlornes Eigentum vor ihm,
Und ungeheure Wünsche regen sich
In seiner Brust und wo sie hin sich wirft
Die Flamme, macht sie eine freie Bahn.
Gesez und Kunst und heilge Sage

Und was vor ihm in guter Zeit gereift
Das stört er auf und Lust und Frieden kann
Er nimmer dulden bei den Lebenden.
Wie alles sich verlor so nimmt
Er Alles wieder, und den Wilden hält
Kein Sterblicher in seinem Toben auf.
Er wird der Friedliche nun nimmer seyn.

Kritias.

O Greis! du siehest nahmenlose Dinge.
Dein Wort ist wahr und wenn es sich erfüllt,
Dann wehe dir, Sicilien, so schön
Du bist mit deinen Hainen, deinen Tempeln.

Hermokrates.

Der Spruch der Götter trift ihn, eh sein Werk
Beginnt. Versammle nur das Volk, damit ich
Das Angesicht des Mannes ihnen zeige
Von dem sie sagen, daß er aufgeflohn
Zum Aether sei. Sie sollen Zeugen seyn
Des Fluches, den ich ihm verkündige.
Und ihn verstoßen in die öde Wildniß,
Damit er nimmerwiederkehrend dort
Die böse Stunde büße, da er sich
Zum Gott gemacht.

Kritias.

        Doch wenn des schwachen Volks
Der Kühne sich bemeistert, fürchtest du
Für mich und dich und deine Götter nicht?

Hermokrates.

Das Wort des Priesters bricht den kühnen Sinn.

Kritias.

Und werden sie den langgeliebten dann

Wenn schmählich er vom heilgen Fluche leidet,
Aus seinen Gärten, wo er gerne lebt,
Und aus der heimatlichen Stadt vertreiben?

Hermokrates.

Wer darf den Sterblichen im Lande dulden,
Den so der wohlverdiente Fluch gezeichnet?

Kritias.

Doch wenn du, wie ein Lästerer erscheinst
Vor denen, die als einen Gott ihn achten?

Hermokrates.

Der Taumel wird sich ändern, wenn sie erst
Mit Augen wiedersehen, den sie jezt schon
Entschwunden in die Götterhöhe wähnen!
Sie haben schon zum Bessern sich gewandt,
Denn trauernd irrten gestern sie hinaus
Und giengen hier umher und sprachen viel
Von ihm, da ich desselben Weges kam.
Drauf sagt' ich ihnen, daß ich heute sie
Zu ihm geleiten wollt'; indessen soll
In seinem Hauße jeder ruhig weilen.
Und darum bat ich dich, mit mir heraus
Zu kommen, daß wir sähen, ob sie mir
Gehorcht. Du findest keinen hier. Nun komm.

Kritias.

Hermokrates!

Hermokrates.

Was ists?

Kritias.

Dort seh ich ihn

Wahrhaftig.

Hermokrates.

Laß uns gehen, Kritias!
Daß er in seine Rede nicht uns zieht.

Empedokles.

In meine Stille kamst du leise wandelnd,
Fandst drunten in der Grotte Dunkel mich aus
Du Freundlicher! du kamst nicht unverhoft
Und fernher, oben über der Erde, vernahm
Ich wohl dein Wiederkehren, schöner Tag
Und meine Vertrauten euch, ihr schnellgeschäftgen
Kräfte der Höh'! und nahe seid ihr
Mir wieder, seid, wie sonst, ihr Glüklichen.
Ihr irrelosen Bäume meines Hains!
Ihr wuchst indessen fort, und täglich tränkte
Des Himmels Quelle die Bescheidenen
Mit Licht und Lebensfunken säte
Befruchtend auf die Blühenden der Aether.
O innige Natur! ich habe dich
Vor Augen, kennest du den Freund noch
Den Hochgeliebten, kennest du mich nimmer?
Den Priester, der lebendigen Gesang,
Wie frohvergoßnes Opferblut, dir brachte?
O bei den heil'gen Brunnen, wo sich still
Die Wasser sammeln, und die Dürstenden
Am heißen Tage sich verjüngen! in mir
In mir, ihr Quellen des Lebens, strömtet ihr einst
Aus Tiefen der Welt zusammen und es kamen
Die Dürstenden zu mir, – vertroknet bin
Ich nun, und nimmer freun die Sterblichen
Sich meiner – bin ich ganz allein? und ist

Es Nacht hier oben auch am Tage? weh!
Der höhers, denn ein sterblich Auge, sah
Der Blindgeschlagne tastet nun umher –
Wo seid ihr, meine Götter? weh ihr laßt
Wie einen Bettler mich und diese Brust
Die liebend euch geahndet, stießt ihr mir
Hinab und schloßt in schmählichenge Bande
Die Freigeborne, die aus sich allein
Und keines andern ist? Dulden sollt' ichs
Wie die Schwächlinge, die im scheuen Tartarus
Geschmiedet sind ans alte Tagewerk?
Bei meinem Stolz! ich werde nicht den Staub
Von diesem Pfade küssen, wo ich einst
Im schönen Traume gieng – es ist vorbei!
Ich war geliebt, geliebt, von euch ihr Götter –
O Schattenbild, verbirg dirs nicht! du hast
Es selbst verschuldet, armer Tantalus
Das Heiligtum hast du geschändet, hast
Mit frechem Stolz den schönen Bund entzweit
Elender! als die Genien der Welt
Voll Liebe sich in dir vergaßen, dachtst du
An dich und wähntest karger Thor, an dich
Die Gütigen verkauft, daß sie dir
Die Himmlischen, wie blöde Knechte dienten!
Ist nirgends mir ein Rächer
Und muß ich denn allein den Hohn und Fluch
In meine Seele rufen? Und es reißt
Die delphische Krone mir kein Besserer
Denn ich vom Haupt, und nimmt die Loken hinweg
Wie es dem kahlen Seher gebührt –

Empedokles. Pausanias.

Pausanias.

O all
Ihr himmlischen Mächte, was ist das?

Empedokles.

Hinweg!
Wer hat dich hergesandt? willst du das Werk
Verrichten an mir? Ich will dir alles sagen
Wenn dus nicht weist; dann richte was du thust
Danach – Pausanias! o suche nicht
Den Mann, an dem dein Herz gehangen, denn
Er ist nicht mehr, und gehe, guter Jüngling!
Dein Angesicht entzündet mir den Sinn,
Und sei es Seegen oder Fluch, von dir
Ist beedes mir zu viel. Doch wie du willst!

Pausanias.

Was ist geschehn? Ich habe lange dein
Geharrt und dankte da ich izt von ferne
Dich sah, dem Tageslicht, da find ich so,
Du hoher Mann, ach! wie die Eiche, die Zeus erschlug
Vom Haupte bis zur Sohle dich zerschmettert.
Warst du allein? Die Worte hört' ich nicht,
Doch schallt mir noch der fremde Todeston.

Empedokles.

Es war des Mannes Stimme, der sich mehr
Denn Sterbliche, gerühmt, weil ihn zu viel
Beglükt die gütige Natur.

Pausanias.

Wie du
Vertraut zu seyn mit allen Göttlichen
Der Welt, ist nie zu viel.

Empedokles.

So sagt' ich auch,
Du Guter, da der heilge Zauber noch
Aus meinem Geiste nicht gewichen war,
Und da sie mich den Innigliebenden
Noch liebten, sie die Genien der Welt!
O himmlisch Licht! – es hatten michs
Die Menschen nicht gelehrt – schon lange, da
Mein sehnend Herz die Allebendige
Nicht finden konnt, da wandt' ich mich zu dir,
Hieng, wie die Pflanze dir mich anvertrauend,
In frommer Lust dir lange blindlings nach,
Denn schwer erkennt der Sterbliche die Reinen,
Doch als der Geist mir blühte, wie du selber blühst,
Da kannt' ich dich, da rief ich es, du lebst,
Und wie du heiter wandelst um die Sterblichen,
Und himmlischjugendlich den holden Schein
Von dir auf jedes eigen überstralst,
Daß alle deines Geistes Farbe tragen,
So ward auch mir das Leben zum Gedicht.
Denn deine Seele war in mir und offen gab
Mein Herz wie du der ernsten Erde sich
Der Leidenden und oft in heilger Nacht
Gelobt ichs —⌣ ihr, bis in den Tod

Die schiksaalvolle furchtlos treu zu lieben.
Da rauscht' es anders denn zuvor im Hain,
Und zärtlich tönten ihrer Berge Quellen,
Und feurigmild im Blumenothem wehte
Der stille Geist der Göttlichen mir zu,
All' deine Freuden, Erde! nicht wie du
Sie lächelnd reichst den Schwächern, herrlich, wie sie sind,
Und warm und wahr aus Müh und Liebe reifen –
Sie alle gabst du mir und wenn ich oft
Auf ferner Bergeshöhe saß und staunend
Des Lebens heilig Irrsaal übersann,
Zu tief von deinen Wandlungen bewegt,
Dann athmete der Aether, so wie dir,
Mir heilend um die liebeswunde Brust,
Und zauberisch in seine Tiefe lösten
Sich meine Räthsel auf –

Pausanias.

Du Glüklicher!

Empedokles.

Ach! könnt' ichs sagen, wie es war,
Es nennen – das Wandeln und Wirken deiner Geniuskräfte
Der Herrlichen, deren Genoß ich war, o Natur!
Könnt' ichs noch Einmal vor die Seele rufen
Daß mir die stumme todesöde Brust
Von deinen Tönen allen wiederklänge!
Bin ich es noch? o Leben! und rauschten sie mir
All deine geflügelten Melodien und hört
Ich deinen alten Einklang, große Natur?
Ach! ich der allverlassene, lebt ich nicht
Mit dieser heilgen Erd' und diesem Licht
Und dir von dem die Seele nimmer läßt,

O Vater Aether! und allen Lebenden
In ewig gegenwärtigem Olymp –
Nun wein ich, wie ein Ausgestoßener
Und nirgend mag ich bleiben, ach und du
Bist auch von mir genommen, – sage nichts!
Die Liebe stirbt, so bald die Götter fliehn,
Das weist du wohl, verlaß mich nun, ich bin
Es nimmer und ich hab' an dir nichts mehr.

Pausanias.

Du bist es noch, so wahr du es gewesen.
Und laß michs sagen, unbegreiflich ist
Es mir, wie du dich selber so vernichtest.
Ich glaub es wohl, es schlummert deine Seele
Dir auch, zu Zeiten, wenn sie sich genug
Der Welt geöffnet, wie die Erde, die
Du liebst, sich oft in tiefe Ruhe schließt.
Doch nennest du sie todt, die Ruhende?

Empedokles.

Wie du mit lieber Mühe Trost ersinnst!

Pausanias.

Du spottest wohl des Unerfahrenen
Und denkest, weil ich deines Glüks, wie du,
Nicht inne ward, so sag ich, da du leidest,
Nur ungereimte Dinge dir? sah' ich nicht dich
In deinen Thaten, da der wilde Staat von dir
Gestalt und Sinn gewann, in seiner Macht
Erfuhr ich deinen Geist, und seine Welt, wenn oft
Ein Wort von dir in einem Augenblik
Das Leben vieler Jahre mir erschuf,
Daß eine neue schöne Zeit von da
Dem Jünglinge begann; wie zahmen Hirschen

Wenn ferne rauscht der Wald und sie der Heimath denken
So schlug mir oft das Herz, wenn du vom Glük
Der alten Urwelt sprachst, und zeichnetest
Du nicht der Zukunft große Linien
Vor mir, so wie des Künstlers sichrer Blik
Ein fehlend Glied zum ganzen Bilde reiht;
Liegt nicht vor dir der Menschen Schiksaal offen?
Und kennst du nicht die Kräfte der Natur,
Daß du vertraulich, wie kein Sterblicher
Sie, wie du willst, in stiller Herrschaft lenkst?

Empedokles.

Genug! du weist es nicht, wie jedes Wort,
So du gesprochen, mir ein Stachel ist.

Pausanias.

So must du denn im Unmuth alles hassen?

Empedokles.

O ehre, was du nicht verstehst!

Pausanias.

Warum

Verbirgst du mirs, und machst dein Leiden mir
Zum Räthsel? glaube! schmerzlicher ist nichts.

Empedokles. *

Und nichts ist schmerzlicher – Pausanias!
Denn Leiden zu enträthseln. Siehest du denn nicht?
Ach! lieber wär mirs, du wüßtest nicht
Von mir und aller meiner Trauer. Nein!
Ich sollt es nicht aussprechen, heilige Natur!
Ihr reinen immerjugendlichen Mächte!

---

* Seine Sünde ist die Ursünde, deßwegen nichts weniger, als ein Abstrac-
tum, so wenig als höchste Freude ein Abstractum ist, nur muß sie gene-
tisch lebendig dargestellt werden.

Die mich mit Freude erzogen,
Mit Wonne genährt, die Götter waren
Dienstbar mir geworden, ich allein
War Gott, und sprachs im frechen Stolz heraus –
O glaub es mir, ich wäre lieber nicht
Geboren!

Pausanias.

Was! um eines Wortes willen?
Wie kannst so du verzagen, kühner Mann.

Empedokles.

Um eines Wortes willen? ja. Und mögen
Die Götter mich zernichten, wie sie mich
Geliebt.

Pausanias.

So sprechen andre nicht, wie du.

Empedokles.

Die andern! wie vermöchten sie's?

Pausanias.

Ja wohl,
Du wunderbarer Mann! So innig liebt'
Und sah kein anderer, die ewge Welt
Und ihre Genien und Kräfte, nie
Wie du, und darum sprachst das kühne Wort
Auch du allein, und darum fühlst du auch
So sehr, wie du mit Einer stolzen Sylbe
Vom Herzen aller Götter dich gerissen
Und opferst liebend ihnen dich dahin,
O Empedokles –

Empedokles.

Siehe! was ist das?
Hermokrates, der Priester, und mit ihm

Ein Hauffe Volks und Kritias, der Archon!
Was suchen sie bei mir?

Pausanias.

Sie haben lang
Geforschet, wo du wärst.

Empedokles. Pausanias.
Hermokrates. Kritias. Agrigentiner.

Hermokrates.

Hier ist der Mann, von dem ihr sagt, er sei
Lebendig zum Olymp empor gegangen.

Kritias.

Und traurig sieht er, gleich den Sterblichen.

Empedokles.

Ihr armen Spötter! ists erfreulich euch
Wenn einer leidet, der euch groß geschienen?
Und achtet ihr, wie leichterworbnen Raub
Den Starken, wenn er schwach geworden ist?
Euch reizt die Frucht, die reif zur Erde fällt,
Doch glaubt es mir, nicht alles reift für euch.

1. Agrigentiner.

Was hat er da gesagt?

Empedokles.

Ich bitt euch, geht,
Besorgt was euer ist, und menget euch
Ins meinige nicht ein –

Hermokrates.

Noch hat ein Wort
Der Priester dir dabei zu sagen?

146

Empedokles.

Weh!

Ihr reinen Götter! ihr lebendigen!
Muß dieser Heuchler meine Trauer mir
Vergiften? geh! ich schonte ja dich oft,
So ist es billig, daß du meiner schonst.
Du weist es ja, ich hab' es dir bedeutet,
Ich kenne dich und deine schlimme Zunft.
Und lange wars ein Räthsel mir, wie euch
In ihrem Runde duldet die Natur.
Ach! als ich noch ein Knabe war, da mied
Euch Allverderber schon mein frommes Herz,
Denn wohl hab' ichs gefühlt, in meiner Furcht,
Daß ihr des Herzens freie Götterliebe
Bereden möchtet zu gemeinem Dienst.
Hinweg! ich kann vor mir den Mann nicht sehn
Der Heiliges wie ein Gewerbe treibt.
Sein Angesicht ist falsch und kalt und todt
Wie seine Götter sind. Was stehet ihr
Betroffen? gehet nun!

Kritias.

Nicht eher biß
Der heilge Fluch die Stirne dir gezeichnet
Schaamloser Lästerer!

Hermokrates.

Sei ruhig, Freund!

Ich hab' es dir gesagt, es würde wohl
Der Unmuth ihn ergreifen. – Mich verschmäht
Der Mann, das hörtet ihr, ihr Bürger
Von Agrigent! und harte Worte mag
Ich nicht mit ihm in wildem Zanke wechseln.

Es ziemt dem Greise nicht. Ihr möget nur
Ihn selber fragen, wer er sei?

Empedokles.

O laßt,
Ihr seht es ja, es frommet keinem nichts,
Den Blutenden zu reizen. Gönnet mirs
Den Pfad, worauf ich wandle, still zu gehn,
Den heilgen Todespfad hinfort.
Ihr spannt das Opferthier vom Pfluge los
Und nimmer trifts der Stachel seines Treibers.
So schonet meiner auch; entwürdiget
Mein Leiden mir mit böser Rede nicht,
Denn heilig ists; und laßt die Brust mir frei
Von eurer Noth. Ihr Schmerz gehört den Göttern.

1. Agrigentiner.

Was ist es denn, Hermokrates, warum
Der Mann die wunderlichen Worte spricht?

2. Agrigentiner.

Er heißt uns gehn, als scheut' er sich vor uns.

Hermokrates.

Was dünket euch? der Sinn ist ihm verfinstert,
Weil er zum Gott sich selbst vor euch gemacht.
Doch weil ihr nimmer meiner Rede glaubt,
So fragt nur ihn darum. Er soll es sagen.

3. Agrigentiner.

Wir glauben dirs wohl.

Pausanias.

Ihr glaubt es wohl?
Ihr Unverschämten? – Euer Jupiter
Gefällt euch heute nicht; er siehet trüb;
Der Abgott ist euch unbequem geworden

Und darum glaubt ihrs wohl? Da stehet er
Und trauert und verschweigt den Geist, wonach
In heldenarmer Zeit die Jünglinge
Sich sehnen werden, wenn er nimmer ist,
Und ihr, ihr kriecht und zischet um ihn her,
Ihr dürft es? und seid so sinnenlos und grob
Daß euch das Auge dieses Manns nicht warnt?
Und weil es sanft ist, wagen sich an ihn
Die Feigen – heilige Natur! wie duldest
Du auch in deinem Runde diß Gewürm? –
Nun sehet ihr mich an, und wisset nicht
Was zu beginnen ist mit mir; ihr müßt
Den Priester fragen, ihn, der alles weiß.

Hermokrates.

O hört, wie euch und mich ins Angesicht
Der freche Knabe schilt? Wie sollt er nicht?
Er darf es, da sein Meister alles darf.
Wer sich das Volk gewonnen, redet, was
Er will; das weiß ich wohl und strebe nicht
Aus eignem Sinn entgegen, weil es noch
Die Götter dulden. Vieles dulden sie
Und schweigen bis ans Äußerste geräth
Der wilde Muth. Dann aber muß der Frevler
Rüklings hinab ins bodenlose Dunkel.

3. Agrigentiner.

Ihr Bürger! ich mag nichts mit diesen Zween
Ins künftige zu schaffen haben.

1. Agrigentiner.

Sagt,

Wie kam es denn, daß dieser uns bethört?

2. Agrigentiner.

Sie müssen fort, der Jünger und der Meister.

Hermokrates.

So ist es Zeit! – Euch fleh' ich an, ihr Furchtbarn!
Ihr Rachegötter! – Wolken lenket Zevs
Und Wasserwoogen zähmt Posidaon,
Doch euch, ihr Leisewandelnden, euch ist
Zur Herrschaft das Verborgene gegeben
Und wo ein Eigenmächtiger der Wieg'
Entsprossen ist, da seid ihr auch, und geht
Indeß er üppig auf zum Frevel wächst,
Stillsinnend fort mit ihm, hinunterhorchend
In seine Brust, wo euch den Götterfeind
Die unbesorgt geschwäzige verräth –
Auch den, ihr kanntet ihn, den heimlichen
Verführer, der die Sinne nahm dem Volk
Und mit dem Vaterlandsgeseze spielt',
Und sie, die alten Götter Agrigents
Und ihre Priester niemals achtete,
Und nicht verborgen war vor euch, ihr Furchtbarn!
So lang er schwieg, der ungeheure Sinn;
Er hats vollbracht. Verruchter! wähntest du
Sie müßtens nachfrohlokken, da du jüngst
Vor ihnen einen Gott dich selbst genannt?
Dann hättest du geherrscht in Agrigent,
Ein einziger allmächtiger Tyrann.
Sie schwiegen nur; erschroken standen sie;
Und du erblaßtest und es lähmte dich
Der böse Gram in deiner dunkeln Halle,
Wo du hinab dem Tageslicht entflohst.

Und kömmst du nun, und gießest über mich
Den Unmuth aus, und lästerst unsre Götter?

1. Agrigentiner.

Nun ist es klar! er muß gerichtet werden.

Kritias.

Ich hab es euch gesagt; ich traute nie
Dem Träumer.

Empedokles.

O ihr Rasenden!

Hermokrates.

Und sprichst
Du noch und ahndest nicht, du hast mit uns
Nichts mehr gemein, ein Fremdling bist du worden
Und unerkannt bei allen Lebenden.
Die Quelle, die uns tränkt, gebührt dir nicht
Und nicht die Feuerflamme, die uns frommt,
Und was den Sterblichen das Herz erfreut
Das nehmen die heilgen Rachegötter von dir.
Für dich ist nicht das heitre Licht hier oben,
Nicht dieser Erde Grün und ihre Frucht,
Und ihren Seegen giebt die Luft dir nicht,
Wenn deine Brust nach Kühlung seufzt und dürstet.
Es ist umsonst, du kehrest nicht zurük
Zu dem, was unser ist; denn du gehörst
Den Rächenden, den heilgen Todesgöttern.
Und wehe dem, von nun an, wer ein einzig Wort
Von dir in seine Seele freundlich nimmt,
Wer dich begrüßt, und seine Hand dir beut,
Wer einen Trunk am Mittag dir gewährt
Und wer an seinem Tische dich erduldet,

Dir, wenn du Nachts an seine Thüre kömst,
Den Schlummer unter seinem Dache schenkt,
Und wenn du stirbst, die Grabesflamme dir
Bereitet, wehe dem, wie dir! – hinaus!
Es dulden die Vaterlandsgötter länger nicht,
Wo ihre Tempel sind, den Allverächter.
[…]

[Aus dem dritten Entwurf, 1799/1800]

Erster Act.

Empedokles.

(vom Schlaf erwachend.)
Euch ruf ich über das Gefild herein
Vom langsamen Gewölk, ihr heißen Stralen
Des Mittags, ihr Gereiftesten, daß ich
An euch den neuen Lebenstag erkenne.
Denn anders ists wie sonst! vorbei, vorbei
Das menschliche Bekümmerniß! als wüchsen
Mir Schwingen an, so ist mir wohl und leicht
Hier oben, hier, und reich genug und froh
Und herrlich wohn' ich, wo den Feuerkelch
Mit Geist gefüllt bis an den Rand, bekränzt
Mit Blumen, die er selber sich erzog,
Gastfreundlich mir der Vater Aetna beut.
Und wenn das unterirrdische Gewitter
Izt festlich auferwacht zum Wolkensiz
Des nahverwandten Donnerers hinauf
Zur Freude fliegt, da wächst das Herz mir auch;
Mit Adlern sing ich hier Naturgesang.
Das dacht er nicht, daß in der Fremde mir
Ein anders Leben blühte, da er mich
Mit Schmach hinweg aus unsrer Stadt verwies
Mein königlicher Bruder. Ach! er wußt es nicht
Der kluge, welchen Seegen er bereitete,
Da er vom Menschenbande los, da er mich frei
Erklärte, frei, wie Fittige des Himmels.

Drum galt es auch! drum ward es auch erfüllt
Mit Hohn und Fluch! drum waffnete das Volk,
Das mein war, gegen meine Seele sich
Und stieß mich aus und nicht vergebens gellt
Im Ohre mir das hundertstimmige
Das nüchterne Gelächter, da der Träumer
Der närrische, des Weges weinend gieng.
Beim Todtenrichter! wohl hab ichs verdient!
Und heilsam wars; die Kranken heilt das Gift
Und eine Sünde straft die andere.
Denn viel gesündiget hab ich von Jugend auf
Die Menschen menschlich nie geliebt, gedient,
Wie Wasser nur und Feuer blinde dient,
Darum begegneten auch menschlich mir
Sie nicht, o darum schändeten sie mir
Mein Angesicht, und hielten mich, wie dich
Allduldende Natur! du hast mich auch,
Du hast mich, und es dämmert zwischen dir
Und mir die alte Liebe wieder auf.
Du rufst, du ziehst mich nah und näher an –
Und wenn die Wooge wächst, und ihren Arm
Die Mutter um mich breitet, o was möcht'
Ich auch, was möcht' ich fürchten. Andre mag
Es freilich schröken. Denn es ist ihr Tod.
O du! mir wohlbekannt, du zauberische
Furchtbare Flamme! wie so stille wohnst
Du da und dort, wie scheuest du dich selbst
Und fliehest dich, du Seele des Lebendigen!
Mir birgst du dich, gebundner Geist, nicht länger,
Mir wirst du helle, denn ich fürcht es nicht.
Denn sterben will ich ja. Mein Recht ist diß.

Ha! Jugend! schon, wie Morgenroth ringsum
Und drunten tost der alte Zorn vorüber!
Hinab, hinab ihr klagenden Gedanken!
(Da er den Pausanias gewahr wird)
Sorgfältig Herz! ich brauche nun dich nimmer.
[…]

Manes. Empedokles.

Manes.

Nun! säume nicht! bedenke dich nicht länger
Vergeh! vergeh! damit es ruhig bald
Und helle werde, Trugbild!
Empedokles.
Was! woher?

Wer bist du, Mann!
Manes.
Der Armen Einer auch

Von diesem Stamm, ein Sterblicher, wie du.
Zu rechter Zeit gesandt, dir, der du dich
Des Himmels Liebling dünkst, des Himmels Zorn,
Des Gottes, der nicht müßig ist, zu nennen.
Empedokles.

Ha! kennst du den?
Manes.
Ich habe manches dir

Am fernen Nil gesagt.
Empedokles.
Und du, du hier?

Kein Wunder ists! Seit ich den Lebenden
Gestorben bin, erstehen mir die Todten.

Manes.

Die Todten reden nicht, wo du sie fragst.

Doch wenn du eines Worts bedarfst, vernimm.

Empedokles.

Die Stimme, die mich ruft, vernehm ich schon.

Manes.

So redet es mit dir?

Empedokles.

Was soll die Rede, Fremder!

Manes.

Ja! fremde bin ich hier und unter Kindern.

Das seid ihr Griechen all. Ich hab es oft

Vormals gesagt. Doch wolltest du mir nicht,

Wie dirs ergieng bei deinem Volke, sagen?

Empedokles.

Was mahnst du mich? Was rufst du mir noch einmal?

Mir gieng es wie es soll.

Manes.

Ich wußt es auch

Schon längst voraus, ich hab es dir geweissagt.

Empedokles.

Nun denn! was hältst du es noch auf? was drohst

Du mit der Flamme mir des Gottes, den

Ich kenne, dem ich gern zum Spiele dien',

Und richtest mir mein heilig Recht, du Blinder!

Manes.

Was dir begegnen muß, ich ändr' es nicht.

Empedokles.

So kamst du her, zu sehen, wie es wird?

Manes.

O scherze nicht, und ehre doch dein Fest,

Umkränze dir dein Haupt, und schmük es aus,
Das Opferthier, das nicht vergebens fällt.
Der Tod, er ist von Anbeginn, der jähe,
Das weist du wohl, den Unverständigen
Die deinesgleichen sind, zuvorbeschieden.
Du willst es! und so seis! Doch sollst du mir
Nicht unbesonnen, wie du bist, hinab –
Ich hab ein Wort, und diß bedenke, Trunkner!
Nur Einem ist es Recht, in dieser Zeit,
Nur Einen adelt deine schwarze Sünde.
Ein größrer ists, denn ich! denn wie die Rebe
Von Erd' und Himmel zeugt, wenn sie getränkt
Von hoher Sonn aus dunklem Boden steigt,
So wächst er auf, aus Licht und Nacht geboren.
Es gährt um ihn die Welt, was irgend nur
Beweglich und verderbend ist im Busen
Der Sterblichen, ist aufgeregt von Grund aus.
Der Herr der Zeit, um seine Herrschaft bang,
Thront finster blikend über der Empörung.
Sein Tag erlischt, und seine Blize leuchten,
Doch was von oben flammt, entzündet nur
Und was von unten strebt, die wilde Zwietracht.
Der Eine doch, der neue Retter faßt
Des Himmels Stralen ruhig auf, und liebend
Nimmt er, was sterblich ist, an seinen Busen,
Und milde wird in ihm der Streit der Welt.
Die Menschen und die Götter söhnt er aus.
Und nahe wieder leben sie, wie vormals,
Und daß, wenn er erschienen ist, der Sohn
Nicht größer, denn die Eltern sei, und nicht
Der heilge Lebensgeist gefesselt bleibe

Vergessen über ihm, dem Einzigen,
So lenkt er aus, der Abgott seiner Zeit,
Zerbricht, er selbst, damit durch reine Hand
Dem Reinen das Nothwendige geschehe,
Sein eigen Glük, das ihm zu glüklich ist,
Und giebt, was er besaß, dem Element,
Das ihn verherrlichte, geläutert wieder.
Bist du der Mann? derselbe? bist du diß?

Empedokles.

Ich kenne dich im finstern Wort, und du,
Du Alleswissender, erkennst mich auch.

Manes.

O sage, wer du bist! und wer bin ich?

Empedokles.

Versuchst du noch, noch immer mich, und kömst,
Mein böser Geist, zu mir in solcher Stunde?
Was lässest du mich nicht stille gehen, Mann?
Und wagst dich hier an mich und reizest mich,
Daß ich im Zorn die heilgen Pfade wandle?
Ein Knabe war ich, wußte nicht, was mir
Ums Auge fremd am Tage sich bewegt'
Und wunderbar umfiengen mir die großen
Gestalten dieser Welt, die freudigen,
Mein unerfahren schlummernd Herz im Busen.
Und staunend hört ich oft die Wasser gehn
Und sah die Sonne blühn, und sich an ihr
Den Jugendtag der stillen Erd entzünden.
Da ward in mir Gesang und helle ward
Mein dämmernd Herz im dichtenden Gebet';
Wenn ich die Fremdlinge die gegenwärt'gen
Die Götter der Natur mit Nahmen nannt'

Und mir der Geist im Wort, im Bilden sich
Im seeligen, des Lebens Räthsel löste.
So wuchs ich still herauf, und anderes
War schon bereitet. Denn gewaltsamer
Wie Wasser, schlug die wilde Menschenwelle
Mir an die Brust, und aus dem Irrsaal kam
Des armen Volkes Stimme mir zum Ohre.
Und wenn, indeß ich in der Halle schwieg,
Um Mitternacht der Aufruhr weheklagt
Und durchs Gefilde stürzt, und lebensmüd
Sein eignes Haus und die verlaideten
Verlaßnen Tempel mit eigner Hand zerbrach,
Wenn sich die Brüder flohn, und sich die Liebsten
Vorübereilten, und der Vater nicht
Den Sohn erkannt, und Menschenwort nicht mehr
Verständlich war, und menschliches Gesez,
Da faßte mich die Deutung schaudernd an,
Es war der scheidende Gott meines Volks!
Den hört ich, und zum schweigenden Gestirn
Sah ich hinauf, wo er herabgekommen.
Und ihn zu sühnen, gieng ich hin. Noch wurden uns
Der schönen Tage viel. Noch schien es sich
Am Ende zu verjüngen; und es wich
Der goldnen Zeit, der allvertrauenden
Des hellen kräftgen Morgens eingedenk,
Der Unmuth mir, der furchtbare vom Volk,
Und freie veste Bande knüpften wir.
Doch oft, wenn mich des Volkes Dank bekränzte,
Wenn näher immer mir, und mir allein,
Des Volkes Seele kam, befiel es mich,
Denn wo ein Land ersterben soll, da wählt

Der Geist noch Einen sich zulezt, durch den
Sein Schwanensang, das lezte Leben töne.
Wohl ahndet ichs, doch dient' ich willig ihm.
Es ist geschehn. Den Sterblichen gehör ich
Nun nimmer an. O Ende meiner Zeit!
O Geist, der uns erzog, der du geheim
Am hellen Tag und in der Wolke waltest
Und du o Licht! und du, du Mutter Erde!
Hier bin ich, ruhig, denn es wartet mein
Die längstbereitete, die neue Stunde.
Nun nicht im Bilde mehr, und nicht, wie sonst,
Bei Sterblichen, im kurzen Glük, ich find',
Im Tode find ich den Lebendigen
Und heute noch begegn' ich ihm, denn heute
Bereitet er, der Herr der Zeit, zur Feier
Zum Zeichen ein Gewitter mir und sich.
Kennst du die Stille rings? kennst du das Schweigen
Des schlummerlosen Gotts? erwart' ihn hier!
Um Mitternacht wird er es uns vollenden.
Und wenn du, wie du sagst, des Donnerers
Vertrauter bist, und Eines Sinns mit ihm,
Dein Geist mit ihm, der Pfade kundig, wandelt,
So komm mit mir, wenn izt zu einsam sich,
Das Herz der Erde klagt, und eingedenk
Der alten Einigkeit die dunkle Mutter
Zum Aether aus die Feuerarme breitet
Und izt der Herrscher kömt in seinem Stral,
Dann folgen wir, zum Zeichen, daß wir ihm
Verwandte sind, hinab in heil'ge Flammen.
Doch wenn du lieber ferne bleibst, für dich,
Was gönnst du mir es nicht? wenn dir es nicht

Beschieden ist zum Eigentum, was nimmst
Und störst du mirs! O euch, ihr Genien
Die ihr, da ich begann, mir nahe wart,
Ihr Fernentwerfenden! euch dank ich, daß ihr mirs
Gegeben habt, die lange Zahl der Leiden
Zu enden hier, befreit von andrer Pflicht
In freiem Tod, nach göttlichem Geseze!
Dir ists verbotne Frucht! drum laß und geh,
Und kannst du mir nicht nach, so richte nicht!

Manes.

Dir hat der Schmerz den Geist entzündet, Armer.

Empedokles.

Was heilst du denn Unmächtiger, ihn nicht?

Manes.

Wie ists mit uns? siehst du es so gewiß?

Empedokles.

Das sage du mir, der du alles siehst!

Manes.

Laß still uns seyn, o Sohn! und immer lernen.

Empedokles.

Du lehrtest mich, heut lerne du von mir.

Manes.

Hast du nicht alles mir gesagt?

Empedokles.

O nein!

Manes.

So gehst du nun?

Empedokles.

Noch geh ich nicht, o Alter!

Von dieser grünen guten Erde soll
Mein Auge mir nicht ohne Freude gehen.

Und denken möcht' ich noch vergangner Zeit,
Der Freunde meiner Jugend noch, der Theuern,
Die fern in Hellas frohen Städten sind,
Des Bruders auch, der mir geflucht, so mußt'
Es werden; laß mich izt; wenn dort der Tag
Hinunter ist, so siehest du mich wieder.

Chor. *

Neue Welt

      und es hängt, ein ehern Gewölbe
der Himmel über uns, es lähmt Fluch
die Glieder den Menschen, und ihre stärkenden,
                   die erfreuenden
Gaaben der Erde sind, wie Spreu, es
spottet unser, mit ihren Geschenken die Mutter
und alles ist Schein –

O wann, wann öffnet sie sich
   die Fluth über die Dürre.

[…]

*   Zukunft.

AUFSÄTZE UND APHORISMEN

[Fragment philosophischer Briefe, 1796]

[...] Weder aus sich selbst allein, noch einzig aus den Gegenständen, die ihn umgeben, kann der Mensch erfahren, daß mehr als Maschinengang, daß ein Geist, ein Gott, ist in der Welt, aber wohl in einer lebendigeren, über die Nothdurft erhabnen Beziehung, in der er stehet mit dem was ihn umgiebt.

Und jeder hätte demnach seinen eigenen Gott, in so ferne jeder seine eigene Sphäre hat, in der er wirkt und die er erfährt, und nur in so ferne mehrere Menschen eine gemeinschaftliche Sphäre haben, in der sie menschlich, d. h. über die Nothdurft erhaben wirken und leiden, nur in so ferne haben sie eine gemeinschaftliche Gottheit; und wenn es eine Sphäre giebt, in der zugleich alle Menschen leben, und mit der sie in mehr als nothdürftiger Beziehung sich fühlen, dann, aber auch nur in so ferne, haben sie alle eine gemeinschaftliche Gottheit.

Es muß aber hiebei nicht vergessen werden, daß der Mensch sich wohl auch in die Lage des andern versezen, daß er die Sphäre des andern zu seiner eigenen Sphäre machen kann, daß es also dem einen, natürlicher weise, nicht so schwer fallen kann, die Empfindungsweise und Vorstellung zu billigen von Göttlichem, die sich aus den besondern Beziehungen bildet, in denen er mit der Welt steht – wenn anders jene Vorstellung nicht aus einem leidenschaftlichen übermüthigen oder knechtischen Leben hervorgegangen ist, woraus dann immer auch eine gleich nothdürftige, leidenschaftliche Vorstellung von dem Geiste, der in diesem Leben herrsche, sich bildet, so daß dieser Geist immer die Gestalt des Tyrannen oder des Knechts trägt. Aber auch in einem beschränkten Leben kann der Mensch unendlich leben, und auch die beschränkte Vorstellung einer Gottheit, die aus seinem Leben für ihn hervorgeht, kann eine unendliche seyn. [...]

So wäre alle Religion ihrem Wesen nach poëtisch.

(Hier kann nun noch gesprochen werden über die Vereinigung mehrerer zu einer Religion, wo jeder seinen Gott und alle einen gemeinschaftlichen in dichterischen Vorstellungen ehren, wo jeder sein höheres Leben und alle ein gemeinschaftliches höheres Leben, die Feier des Lebens mythisch feiern. Ferner könnte noch gesprochen werden von Religionsstiftern, und von Priestern, was sie aus diesem Gesichtspuncte sind; jene die Religionsstifter (wenn es nicht die Väter einer Familie sind, die das Geschäft und Geschik derselben forterbt), wenn sie einem

[bricht ab, ...]

[Aus den Frankfurter Aphorismen, 1799]

Es giebt Grade der Begeisterung. Von der Lustigkeit an, die wohl der unterste ist, bis zur Begeisterung des Feldherrn der mitten in der Schlacht unter Besonnenheit den Genius mächtig erhält, giebt es eine unendliche Stufenleiter. Auf dieser auf- und abzusteigen ist Beruf und Wonne des Dichters.

———

[...]

Das ist das Maas Begeisterung, das jedem Einzelnen gegeben ist, daß der eine bei größerem, der andere nur bei schwächerem Feuer die Besinnung noch im nöthigen Grade behält. Da wo die Nüchternheit dich verläßt, da ist die Gränze deiner Begeisterung. Der große Dichter ist niemals von sich selbst verlassen, er mag sich so weit über sich selbst erheben als er will. Man kann auch in die Höhe fallen, so wie in die Tiefe. Das leztere verhindert der elastische Geist, das erstere die Schwerkraft, die in nüchternem Besinnen liegt. Das Gefühl ist aber wohl die beste Nüchternheit, und Besinnung des Dichters, wenn es richtig und warm und klar und kräftig ist. Es ist Zügel und Sporn dem Geist. Durch Wärme treibt es den Geist weiter, durch Zartheit und Richtigkeit und Klarheit schreibt es ihm die Gränze vor und hält ihn, daß er sich nicht verliert; und so ist es Verstand und Wille zugleich. Ist es aber zu zart und weichlich, so wird es tödtend, ein nagender Wurm. Begränzt sich der Geist, so fühlt es zu ängstlich die augenblikliche Schranke, wird zu warm, verliert die Klarheit, und treibt den Geist mit einer unverständlichen Unruhe ins

Gränzenlose; ist der Geist freier, und hebt er sich augenbliklich über Regel und Stoff, so fürchtet es eben so ängstlich die Gefahr, daß er sich verliere, so wie es zuvor die Eingeschränktheit fürchtete, es wird frostig und dumpf, und ermattet den Geist, daß er sinkt und stokt, und an überflüssigem Zweifel sich abarbeitet. Ist einmal das Gefühl so krank, so kann der Dichter nichts bessers, als daß er, weil er es kennt, sich in keinem Falle, gleich schreken läßt von ihm, und es nur so weit achtet, daß er etwas gehaltner fortfährt, und so leicht wie möglich sich des Verstands bedient, um das Gefühl, es seie beschränkend oder befreiend, augenbliklich zu berichtigen, und wenn er so sich mehrmal durchgeholfen hat, dem Gefühle die natürliche Sicherheit und Consistenz wiederzugeben. Überhaupt muß er sich gewöhnen, nicht in den einzelnen Momenten das Ganze, das er vorhat, erreichen zu wollen, und das augenbliklich unvollständige zu ertragen; seine Lust muß seyn, daß er sich von einem Augenblike zum andern selber übertrifft, in dem Maße und in der Art, wie es die Sache erfordert, bis er am Ende den Haupton seines Ganzen gewinnt. Er muß aber ja nicht denken, daß er nur im *crescendo* vom Schwächern zum Stärkern sich selber übertreffen könne, so wird er unwahr werden, und sich überspannen; er muß fühlen, daß er an Leichtigkeit gewinnt, was er an Bedeutsamkeit verliert, daß Stille die Heftigkeit, und das Sinnige den Schwung gar schön ersezt, und so wird es im Fortgang seines Werks nicht einen nothwendigen Ton geben, der nicht den vorhergehenden gewissermaßen überträffe, und der herrschende Ton wird es nur darum seyn, weil das Ganze auf diese und keine andere Art komponirt ist.

———

Nur das ist die wahrste Wahrheit, in der auch der Irrtum, weil sie ihn im ganzen ihres Systems, in seine Zeit und seine Stelle sezt, zur Wahrheit wird. Sie ist das Licht, das sich selber und auch die Nacht erleuchtet. Diß ist auch die höchste Poësie, in der auch das unpoëtische, weil es zu rechter Zeit und am rechten Orte im Ganzen des Kunstwerks gesagt ist, poëtisch wird. Aber hiezu ist schneller Begriff am nöthigsten. Wie kannst du die Sache am rechten Ort brauchen, wenn du noch scheu darüber verweilst, und nicht weist, was an ihr ist, wie viel oder wenig daraus zu machen. Das ist ewige Heiterkeit, ist Gottesfreude, daß man alles Einzelne in die Stelle des Ganzen sezt, wohin es gehört; deswegen ohne Verstand, oder ohne ein durch und durch organisirtes Gefühl keine Vortreflichkeit, kein Leben.

———

[...]
Es kommt alles darauf an, daß die Vortreflichen das Inferieure, die Schönern das Barbarische nicht zu sehr von sich ausschließen, sich aber auch nicht zu sehr damit vermischen, daß sie die Distanz, die zwischen ihnen und den andern ist, bestimmt und leidenschaftlos erkennen, und aus dieser Erkentniß wirken, und dulden. Isoliren sie sich zu sehr, so ist die Wirksamkeit verloren, und sie gehen in ihrer Einsamkeit unter. Vermischen sie sich zu sehr, so ist auch wieder keine rechte Wirksamkeit möglich, denn entweder sprechen und handeln sie gegen die andern, wie gegen ihresgleichen und übersehen den Punct, wo diesen es fehlt, und wo sie zunächst ergriffen werden müssen, oder sie richten sich zu sehr nach diesen, und wiederhohlen die

Unart, die sie reinigen sollten, in beiden Fällen wirken sie nichts und müssen vergehen, weil sie entweder immer ohne Wiederklang sich in den Tag hinein äußern, und einsam bleiben mit allem Ringen und Bitten oder auch, weil sie das Fremde, Gemeinere zu dienstbar in sich aufnehmen und sich damit erstiken.

[...]

[Aus den poetologischen Entwürfen]

Das untergehende Vaterland …

Das untergehende Vaterland, Natur und Menschen insofern sie in einer besondern Wechselwirkung stehen, eine b e s o n - d e r e idealgewordene Welt, und Verbindung der Dinge aus- machen, und sich insofern auflösen damit aus ihr und aus dem überbleibenden Geschlechte und den überbleibenden Kräften der Natur, die das andere reale Prinzip sind, eine neue Welt, eine neue aber auch besondere Wechselwirkung, sich bilde, so wie jener Untergang aus einer reinen aber be- sondern Welt hervorgieng. Denn die Welt aller Welten, das Alles in Allen, welches immer i s t und aus dessen Seyn alles angesehen werden muß, s t e l l t sich nur in aller Zeit – oder im Untergange oder im Moment, oder genetischer im wer- den des Moments und Anfang von Zeit und Welt d a r, und dieser Untergang und Anfang ist wie die Sprache, Ausdruk Zeichen Darstellung eines lebendigen aber besondern Gan- zen, welches eben wieder in seinen Wirkungen dazu wird, und zwar so daß in ihm, sowie in der Sprache, von einer Seite weniger oder nichts lebendig Bestehendes von der anderen Seite alles zu liegen scheint. Im lebendig Bestehenden herrscht eine Beziehungsart, und S t o f f a r t vor; wiewohl alle übrigen darinn zu ahnden sind, im übergehenden ist die Möglichkeit aller Beziehungen vorherrschend, doch die be- sondere ist daraus abzunehmen, zu schöpfen, sodaß durch sie als Unendlichkeit die endliche Wirkung hervorgeht.

D i e s e r   U n t e r g a n g   o d e r   Ü b e r g a n g   d e s   V a t e r - l a n d e s (in diesem Sinne) fühlt sich in den Gliedern der bestehenden Welt so, daß in eben dem Momente und Grade, worinn sich das Bestehende auflöst, auch das Neueintretende, Jugendliche, Mögliche sich fühlt. Denn wie könnte die Auflösung empfunden werden ohne Vereinigung, wenn also das Bestehende in seiner Auflösung empfunden werden soll und empfunden wird, so muß dabei das Unerschöpfte und Unerschöpfliche, der Beziehungen und Kräfte, und jene die Auflösung mehr durch diese empfunden werden, als umgekehrt, denn aus Nichts wird nichts, und diß gradweise genommen heißt so viel, als daß dasjenige, welches zur Negation gehet, und insofern es aus der Wirklichkeit gehet, und noch nicht ein Mögliches ist, nicht wirken könne.

Aber das Mögliche, welches in die Wirklichkeit tritt, indem die Wirklichkeit sich auflöst, diß wirkt, und es bewirkt sowohl die Empfindung der Auflösung als die Erinnerung des Aufgelösten.

Deswegen das durchaus originelle jeder ächttragischen Sprache, das immerwährendschöpferische. Das Entstehen des Individuellen aus Unendlichem, und das Entstehen des Endlichunendlichen, des Individuellewigen aus beeden, das Begreiffen, Beleben nicht des unbegreifbar, unseelig gewordenen, sondern des unbegreifbaren, des Unseeligen der Auflösung, und des Streites des Todes selbst, durch das Harmonische, Begreifliche Lebendige. Es drükt sich hierinn nicht der erste rohe in seiner Tiefe dem Leidenden und Betrachtenden noch zu unbekannte Schmerz der Auflösung aus; in diesem ist das Neuentstehende Idealische, unbestimmt, mehr ein Gegenstand der Furcht, da hingegen die Auflösung an sich, ein bestehendes wirkliches, reales Nichts scheint, und das sich Auflösende im Zustande zwischen Seyn und Nichtseyn im Nothwendigen begriffen ist.

Das neue Leben ist jezt wirklich, das sich auflösen sollte, und aufgelöst hat, möglich, ideal alt, die Auflösung nothwendig und trägt ihren eigentümlichen Karakter zwischen Seyn und Nichtseyn. Im Zustande zwischen Seyn und Nichtseyn wird aber überall das Mögliche real, und das wirkliche ideal, und diß ist in der freien Kunstnachahmung ein furchtbarer aber göttlicher Traum. Die Auflösung also als Nothwendige, auf dem Gesichtpuncte der idealischen Erinnerung wird als solche idealisches Object des neuentwikelten Lebens, ein Rükblik auf den Weg, der zurükgelegt werden mußte, vom Anfang der Auflösung bis dahin, wo aus dem neuen Leben eine Erinnerung des Aufgelösten, und daraus, als Erklärung und Vereinigung der Lüke und des Contrasts, der zwischen dem Neuen und dem Vergangenen stattfindet, die Erinnerung der Auflösung erfolgen kann. Diese idealische Auflösung ist furchtlos. Anfangs- und Endpunkt ist schon gesezt, gefunden, gesichert, deswegen ist diese Auflösung auch sicherer, unaufhaltsamer, kühner, und sie stellt sie hiemit, als das was sie eigentlich ist, als einen reproductiven Act, dar, wodurch das Leben alle seine Puncte durchläuft, und um die ganze Summe zu gewinnen, auf keinem verweilt, auf jedem sich auflöst, um in dem nächsten sich herzustellen, nur daß in dem Grade die Auflösung idealer wird, in welchem sie sich von ihrem Anfangspuncte entfernt, hingegen in eben dem Grade die Herstellung realer, bis endlich aus der Summe dieser in einem Moment unendlich durchlaufenen Empfindungen des Vergehens und Entstehens, ein ganzes Lebensgefühl, und hieraus das einzig ausgeschlossene, das anfänglich aufgelöste in der Erinnerung (durch die Nothwendigkeit eines Objects im vollendetsten Zustande) hervorgeht, und nachdem diese Erinnerung des Aufgelösten, Individuellen mit dem un-

endlichen Lebensgefühl durch die Erinnerung der Auflö-
sung vereiniget und die Lüke zwischen denselben ausgefüllt
ist, so gehet aus dieser Vereinigung und Vergleichung des
Vergangenen Einzelnen, und des Unendlichen gegenwärti-
gen, der eigentlich neue Zustand der nächste Schritt, der
dem Vergangenen folgen soll hervor.

[…]

ÜBERSETZUNGEN

[Aus Sophokles' Antigonae, 1802]

Zweiter Act.

CHOR der Thebanischen Alten.

Ungeheuer ist viel. Doch nichts
Ungeheuerer, als der Mensch.
Denn der, über die Nacht
Des Meers, wenn gegen den Winter wehet
Der Südwind, fähret er aus
In geflügelten sausenden Häußern.
Und der Himmlischen erhabene Erde
Die unverderbliche, unermüdete
Reibet er auf; mit dem strebenden Pfluge,
Von Jahr zu Jahr,
Treibt sein Verkehr er, mit dem Rossegeschlecht',
Und leichtträumender Vögel Welt
Bestrikt er, und jagt sie;
Und wilder Thiere Zug,
Und des Pontos salzbelebte Natur
Mit gesponnenen Nezen,
Der kundige Mann.
Und fängt mit Künsten das Wild,
Das auf Bergen übernachtet und schweift.
Und dem rauhmähnigen Rosse wirft er um
Den Naken das Joch, und dem Berge
Bewandelnden unbezähmten Stier.

Und die Red' und den luftigen
Gedanken und städtebeherrschenden Stolz
Hat erlernet er, und übelwohnender
Hügel feuchte Lüfte, und
Die unglüklichen zu fliehen, die Pfeile. Allbewandert,
Unbewandert. Zu nichts kommt er.
Der Todten künftigen Ort nur
Zu fliehen weiß er nicht,
Und die Flucht unbeholfener Seuchen
Zu überdenken.
Von Weisem etwas, und das Geschikte der Kunst
Mehr, als er hoffen kann, besizend,
Kommt einmal er auf Schlimmes, das andre zu Gutem.
Die Geseze kränkt er, der Erd' und Naturgewalt'ger
Beschwornes Gewissen;
Hochstädtisch kommt, unstädtisch
Zu nichts er, wo das Schöne
Mit ihm ist und mit Frechheit.
Nicht sei am Heerde mit mir,
Noch gleichgesinnet,
Wer solches thut.
Wie Gottesversuchung aber stehet es vor mir,
Daß ich sie seh' und sagen doch soll,
Das Kind seis nicht, Antigonä.
O Unglükliche, vom unglüklichen
Vater Oedipus, was führt über dir und wohin,
Als ungehorsam dich
Den königlichen Gesezen,
In Unvernunft dich ergreifend?
[…]

[Aus den Pindar-Fragmenten, 1800–1805]

Untreue der Weisheit.

O Kind, dem an des pontischen Wilds Haut
Des felsenliebenden am meisten das Gemüth
Hängt, allen Städten geselle dich,
Das gegenwärtige lobend
Gutwillig,
Und anderes denk in anderer Zeit.

Fähigkeit der einsamen Schule für die Welt. Das Unschuldige
des reinen Wissens als die Seele der Klugheit. Denn Klugheit
ist die Kunst, unter verschiedenen Umständen getreu zu blei-
ben, das Wissen die Kunst, bei positiven Irrtümern im Ver-
stande sicher zu seyn. Ist intensiv der Verstand geübt, so er-
hält er seine Kraft auch im Zerstreuten; so fern er an der
eigenen geschliffenen Schärfe das Fremde leicht erkennt,
deßwegen nicht leicht irre wird in ungewissen Situationen.
So tritt Jason, ein Zögling des Centauren, vor den Pelias:

ich glaube die Lehre
Chirons zu haben. Aus der Grotte nemlich komm' ich
Bei Charikli und Philyra, wo des
Centauren Mädchen mich ernähret,
Die heilgen; zwanzig Jahre aber hab'
Ich zugebracht und nicht ein Werk
Noch Wort, ein schmuziges jenen

Gesagt, und bin gekommen nach Haus,
Die Herrschaft wiederzubringen meines Vaters.

[…]

Das Alter.

Wer recht und heilig
Das Leben zubringt,
Süß ihm das Herz ernährend,
Lang Leben machend,
Begleitet die Hoffnung, die
Am meisten Sterblichen
Die vielgewandte Meinung regieret.

Eines der schönsten Bilder des Lebens, wie schuldlose Sitte
das lebendige Herz erhält, woraus die Hoffnung kommet; die
der Einfalt dann auch eine Blüthe giebt, mit ihren mannigfal-
tigen Versuchen und den Sinn gewandt und so lang Leben
machet, mit ihrer eilenden Weile.

Das Unendliche.

Ob ich des Rechtes Mauer
Die hohe oder krummer Täuschung
Ersteig' und so mich selbst
Umschreibend, hinaus
Mich lebe, darüber
Hab ich zweideutig ein
Gemüth, genau es zu sagen.

Ein Scherz des Weisen, und das Räthsel sollte fast nicht gelöst werden. Das Schwanken und das Streiten zwischen Recht und Klughcit löst sich nemlich nur in durchgängiger Beziehung. »Ich habe zweideutig ein Gemüth genau es zu sagen.« Daß ich dann zwischen Recht und Klugheit den Zusammenhang auffinde, der nicht ihnen selber, sondern einem dritten zugeschrieben werden muß, wodurch sie unendlich (genau) zusammenhängen, darum hab' ich ein zweideutig Gemüth.

[...]

BRIEFE

(1792–1828)

[Tübingen, zweite Hälfte April 1792]

Wär ich doch noch bei Dir, Bruder meiner Seele! Aber so siz ich zwischen meinen dunklen Wänden, und berechne, wie bettelarm ich bin an Herzensfreude, und bewundre meine Resignation. Du und die holde Gestalt erscheinen mir wol in hellern Stunden. Aber die lieben Gäste finden eben keinen gar freundlichen Wirth. Mit meinen Hofnungen bin ich fertig geworden, wie ichs wollte. Glaube mir, die schöne Blume, die auch Dir blüht, die schönste im Kranze der Lebensfreuden blüht für mich nimmer hienieden. Freilich ists bitter, solche Schönheit u. Herrlichkeit auf Erden zu wissen, u. seinem Herzen, das oft stolz genug ist, sagen zu müssen, sie ist nicht dir bestimmt! Aber ists nicht thörigt und undankbar, ewige Freude zu wollen, wenn man glüklich genug war, sich ein wenig freuen zu dürfen. Lieber Bruder! ich habe den Muth verloren, und so ists gut, nicht zu viel zu wünschen. Ich hänge mich an alles, wovon ich glaube, daß es mir Vergessenheit geben könne, u. füle jedesmal, daß ich verstimmt und unfähig bin, mich zu freuen, wie andre Menschenkinder. Ich denke tausendmal, wenn ich nur Dich um mich hätte, es solte bald anders werden. Du kanst Dir nicht vorstellen, wie ich oft die alten herrlichen Tage vermisse, die wir hier zusammenlebten. – Ich will Dich aber nicht weiter plagen mit meinen Grillen. Du hast ein so schönes Leben, daß es Sünde ist, es auch nur auf solche Art zu unterbrechen. Wergo wekte in mir das Andenken an meine kurzen Freuden neu auf. Ich hatte eine kindische Freude an dem lieben Griechen. Caffro hatte hier großen Beifall. Ich hatte bei dieser Gelegenheit auch wieder Verdruß, der aber zu unbedeutend ist, um weiter davon zu sprechen. Es sieht doch manchmal lumpig aus in der Menschen Herzen! –

In meinem Hymnus an die Freiheit sezt' ich aus Nachlässigkeit in eine Strophe, ein Wort, das nicht hingehört, es heißt »um der Güter, so die Seele füllen

> Um der angestammten Göttermacht,
> Brüder ach! um unsrer Liebe willen
> Brüder! Könige der Endlichkeit! erwacht!

Das «Brüder!» in der lezten Zeile macht 2 Sylben zu viel. Sage doch dem lieben Doktor, daß er es wegstreicht. Warscheinlich ist der Druk des Gedichts noch nicht im reinen. Es liegt mir viel daran, eine solche gemeine poëtische Sünde nicht vor die Augen des Publikums kommen zu lassen.

Wenn Du unter Deinen Freunden und Freundinnen bist so denke, wie's dem armen Jungen in Tübingen so wohl wäre, wenn er auch da wäre, und sage, wo Du kannst, und wilst, meine Grüße. Die Noten schik ich, sobald sie abgeschrieben sind. Ich werde warscheinlich einen recht dummen Brief dazu schreiben. Das geht in Einem hin. Sie mag ohnehin keinen schmeichelhaften Begriff von mir bekommen haben. Ich benahm mich immer so linkisch. Wenn ich an die vergeßne Begleitung beim Abschied denke, möchte ich mir Eins vor die Stirne geben. Aber wie gesagt, mit meinen kindischen Hofnungen bin ich fertig. Und so soll mich's nicht grämen, lachte sie auch überlaut über den kranken Poëten. Aber dazu ist Ihre Seele zu sanft und gut. Bei Gott! ich werde sie ewig ehren. Der Adel und die Stille in ihrem Wesen kontrastirt ziemlich zu den Geschöpfen hier u. anderswo, die überall bemerkt, und immer wizig sein, u. ewig nichts als lachen wollen. – Nicht wahr, Lieber? ich habe nun lange Briefe schreiben gelernt? Was mag die Ursache sein? – Schreib mir auch genau, wie D i r s geht. Warscheinlich giebt diß alsdann das Licht zu meinem Dunkel ab.

Dein
Hölderlin.

Rotaker läßt Dich grüßen.

AN NEUFFER

Jena. d. ... Nov. 94.

Ich bin nun hier, wie Du siehst, lieber Bruder! und ich habe Ursache, mich darüber zu freuen, nicht so wol, weil ich hier bin, als weil mich mein Hiersein in dem Glauben bestätiget, daß es uns leicht wird etwas durchzusezen, sobald wir nur nicht ans Ziel getragen sein, sondern mit eignen Füßen gehen wollen, und es nicht achten, wenn zuweilen ein hartes Steinchen die Sohle drükt. Ich weis gar wol, daß es ein größer Ziel giebt, und größere Mühe, mer Arbeit und mer Gewin; aber zu großen Dingen hat man in dieser Welt auch selten mer als kleine Beispiele.

Ich habe jezt den Kopf und das Herz voll von dem, was ich durch Denken und Dichten, auch von dem, was ich pflichtmäßig, durch Handeln, hinausfüren möchte, lezteres natürlich nicht allein. Die Nähe der wahrhaft großen Geister, und auch die Nähe wahrhaft großer selbsttätiger mutiger Herzen schlägt mich nieder und erhebt mich wechselsweise, ich mus mir heraushelfen aus Dämmerung u. Schlummer, halbentwikelte, halberstorbne Kräfte sanft und mit Gewalt weken und bilden, wenn ich nicht am Ende zu einer traurigen Resignation meine Zuflucht nehmen soll, wo man sich mit andern Unmündigen und Unmächtigen tröstet, die Welt gehen läßt wie sie geht, dem Untergange und Aufgange der Warheit und des Rechts, dem Blühen und Welken der Kunst, dem Tod und Leben von allem, was den Menschen, als Menschen interessirt, wo man dem allem aus seinem Winkel mit Ruhe zusieht, und wenns hoch kömmt, den Forderungen der Menschheit seine negative Tugend entgegenstellt. Lieber das Grab, als diesen Zustand! Und doch hab' ich oft beinahe nichts anders im Prospect. Lieber alter Herzensfreund! in solchen Augenbliken vermiß' ich oft recht Deine Nähe, Deinen Trost, und das sichtbare Beispiel Deiner Vestigkeit. Ich weis, daß auch Dich zuweilen der Muth verläßt, ich weis, daß es allgemeines Schiksaal der Seelen ist, die mer, als thierische Bedürfnisse haben. Nur sind die Grade verschieden. Eine Stelle, die ich heute in dem Vorberichte zu den Wielandschen sämtlichen Werken zufällig ansah, brennt mir noch im Herzen. Es heist da: die Muse Wielands habe mit dem Anfange der deutschen Dichtkunst angefangen, und ende mit ihrem Untergange! allerliebst! Nenne mich einen Kindskopf! aber so was kann mir eine Woche verderben. Seis auch! Wenn's sein mus, so zerbrechen wir unsre unglüklichen Saitenspiele, und thun, was die Künstler träumten! Das ist mein Trost. – Nun auch was von hier. Fichte ist jezt die Seele von Jena. Und gottlob! daß ers ist. Einen Mann von solcher Tiefe und Energie des Geistes kenn' ich sonst nicht. In den entlegensten Gebieten des menschlichen Wissens die Prinzipien dieses Wissens, und mit ihnen die des Rechts aufzusuchen und zu bestimmen, und mit gleicher Kraft des Geistes die entlegensten künsten Folgerungen aus diesen

Prinzipien zu denken, und troz der Gewalt der Finsternis sie zu schreiben und vorzutragen, mit einem Feuer und einer Bestimtheit, deren Vereinigung mir Armen one diß Beispiel vieleicht ein unauflösliches Problem geschienen hätte, – diß, lieber Neufer! ist doch gewis viel, und ist gewis nicht zu viel gesagt von diesem Manne. Ich hör' ihn alle Tage. Sprech' ihn zuweilen. Auch bei Schiller war ich schon einigemale, das erstemal eben nicht mit Glük. Ich trat hinein, wurde freundlich begrüßt, und bemerkte kaum im Hintergrunde einen Fremden, bei dem keine Miene, auch nachher lange kein Laut etwas besonders ahnden ließ. Schiller nannte mich ihm, nannt' ihn auch mir, aber ich verstand seinen Nahmen nicht. Kalt, fast one einen Blik auf ihn begrüßt ich ihn, und war einzig im Innern und Äußern mit Schillern beschäftigt; der Fremde sprach lange kein Wort. Schiller brachte die Thalia, wo ein Fragment von meinem Hyperion u. mein Gedicht an das Schiksaal gedrukt ist, u. gab es mir. Da Schiller sich einen Augenblik darauf entfernte, nahm der Fremde das Journal vom Tische, wo ich stand, blätterte neben mir in dem Fragmente, u. sprach kein Wort. Ich fült' es, daß ich über und über roth wurde. Hätt' ich gewust, was ich jezt weis, ich wäre leichenblas geworden. Er wandte sich drauf zu mir, erkundigte sich nach der Frau von Kalb, nach der Gegend und den Nachbarn unseres Dorfs, u. ich beantwortete das alles so einsylbig, als ich vieleicht selten gewohnt bin. Aber ich hatte einmal meine Unglüksstunde. Schiller kam wieder, wir sprachen über das Theater in Weimar, der Fremde lies ein paar Worte fallen, die gewichtig genug waren, um mich etwas ahnden zu lassen. Aber ich ahndete nichts. Der Mahler Majer aus Weimar kam auch noch. Der Fremde unterhielt sich über manches mit ihm. Aber ich ahndete nichts. Ich gieng, u. erfuhr an demselben Tage im Klubb der

Professoren, was meinst Du? daß Goethe diesen Mittag bei
Schiller gewesen sei. Der Himmel helfe mir, mein Unglük, u.
meine dummen Streiche gut zu machen, wenn ich nach Wei-
mar komme. Nachher speist ich bei Schiller zu Nacht, wo die-
ser mich so viel möglich tröstete, auch durch seine Heiterkeit,
u. seine Unterhaltung, worinn sein ganzer kolossalischer Geist
erschien, mich das Unheil, das mir das erstemal begegnete,
vergessen lies. Auch bei Niethammer bin ich zuweilen. Das
nächstemal mer von Jena. Schreibe mir izt auch bald, lieber
Bruder!

Dein

Hölderlin.

Meine Adresse ist: an – – im Vogtischen Garten.

AN DEN BRUDER

Frankfurt. [1796]

Du bist glüklich, mein Karl, durch das, was Du Dir selbst bist,
und ich wollte, Du sähest das ein, wie ich. Du würdest weniger
den Mangel empfinden, der von außen Dich umgiebt. Sieh'!
deßwegen finden auch die meisten Menschen überall wun-
derschöne Dinge, wundergroße, wundererfreuliche Dinge,
weil sie alles, was ihnen begegnet, an ihrer innern Armuth
und Beschränktheit messen, weil sie so gar nicht verwöhnt
sind durch sich selbst. Weil sie sich selbst zum Sterben Lange-
weile machen, dünkt's ihnen überall so amüsant, und weil sie
fühlen, es sey so eigentlich nicht so sehr der Mühe werth, daß
sie das Glük begünstige, sind sie auch so äußerst dankbar ge-

gen dieses, und nennen auch höflicher weise das weise und gerechte Schiksaal gnädig.

(Bei Gelegenheit! ich möchte doch wissen, was eigentlich Gnade wäre?) – Aber wenn Du schon Dir selbst sehr viel bist, so bedarfst Du deßwegen auch der rechten Pflege für Dein Herz und Deinen Geist. Genuß der Wahrheit und der Freundschaft! Könnt' ich ihn so voll und stark und rein Dir geben, als Du es werth bist! Aber Einer ist nicht Alles, und ich bin ohnediß, wie ein alter Blumenstok, der schon einmal mit Grund und Scherben auf die Straße gestürzt ist, und seine Sprößlinge verloren und seine Wurzel verlezt hat, und nun mit Mühe wieder in frischen Boden gesezt und kaum durch ausgesuchte Pflege vom Verdorren gerettet, aber doch hie und da noch immer welk und krüpplig ist und bleibt. Ich werde deßwegen ganz gewiß, so lang ich lebe, allem aufbieten, um, so weit es von mir abhängt, und Du meiner bedürfen magst, Dein Leben auch anderwärts Dir angenehm, d. h. den Bedürfnissen Deines edlern Wesens angemessen zu machen.

Ich kann unmöglich glauben, daß unsere theure Mutter den soliden Gründen, die ich ihr vorlegen werde, ihren Beifall versagen und ihren Willen und Seegen Dir nicht zu einer Reise nach Jena geben wird.

Du wirst die Wahrheit finden und doch wenigstens einen ganzen Freund, wie ich hoffe! Den Plan zu Deinem Studium möcht' ich zuvor von Dir selbst hören, um ganz in Beziehung auf Deinen eigenthümlichen Wunsch und Karakter meinen Vorschlag zu machen. Es läßt sich im Allgemeinen vieles plaudern, aber, um nüzlich zu seyn, müssen wir einander auch auf das, was jeder besonders ist und hat, aufmerken.

An Aussichten kann es Dir zur rechten Zeit nicht fehlen. Du magst ein Fach ergreifen, welches Du willst, so bin ich gewiß, daß Du es darinn nicht bei der Mittelmäßigkeit wirst bewenden lassen, und Männer, die im Kameralfach oder in der Rechtspflege und Wissenschaft mehr als mittelmäßig, sind eben ihrer Seltenheit wegen jezt überall zum Lehrstuhl oder zum Geschäfftsleben außerst gesucht.

In jedem Falle kannst Du Hofmeister werden, so gut wie ich, und glüklich seyn, und all' die Lumpereien des politischen und geistlichen Würtembergs und Deutschlands und Europa's auslachen, so gut, wie ich.

d. 10 *Jun.*

So weit hatt' ich neulich geschrieben. Jetzt bin ich auf frappante Art unterbrochen. Die Kaiserl. Armee ist jezt auf ihrer Retirade von Wezlar begriffen, und die Gegend von Frankfurt dürfte demnach zunächst einen Hauptteil des Kriegsschauplazes abgeben. Ich reise deßwegen mit der ganzen Familie noch heute nach Hamburg ab, wo sich Verwandte meines Haußes befinden. HE. Gontard bleibt allein hier. Es wird wichtige Auftritte geben. Man sagt, die Franzosen seyen in Würtemberg. Ich hoffe, die Sache wird wenigstens denen, die mich da zunächst angehn, nicht sehr viel reelles Übel bringen. Sei ein Mann, Bruder! Ich fürchte mich nicht vor dem, was zu fürchten ist, ich fürchte mich nur vor der Furcht. Sage das der lieben Mutter. Beruhige sie! Wär' ich nicht auf diese Art pflichtmäßig nüzlich, ich käme zu Euch. Muth und Verstand braucht jezt Jeder. Hize und Ängstlichkeit sind jezt nicht mehr gangbare Münzen.

Lebt wohl, Ihr Lieben alle!

Euer

Friz.

AN NEUFFER

Frankfurt. [1796]

Hätt' ich Dich doch bei mir, lieber Bruder! daß wir uns einmal wieder Freude machen könnten mit unsern Herzen. Die Buchstaben sind für die Freundschaft, wie trübe Gefäße für goldnen Wein. Zur Noth schimmert etwas durch, um ihn vom Wasser zu unterscheiden, aber lieber sieht man ihn doch im kristallnen Glase.

Ich möchte wissen, wie Dir's jezt gerade geht. Ich wollt', es gienge Dir, wie mir. Ich bin in einer neuen Welt. Ich konnte wohl sonst glauben, ich wisse, was schön und gut sey, aber seit ich's sehe, möcht' ich lachen über all' mein Wissen. Lieber Freund! es giebt ein Wesen auf der Welt, woran mein Geist Jahrtausende verweilen kann und wird, und dann noch sehn, wie schülerhaft all unser Denken und Verstehn vor der Natur sich gegenüber findet. Lieblichkeit und Hoheit, und Ruh und Leben, u. Geist und Gemüth und Gestalt ist Ein seeliges Eins in diesem Wesen Du kannst mir glauben, auf mein Wort, daß selten so etwas geahndet, und schwerlich wieder gefunden wird in dieser Welt. Du weist ja, wie ich war, wie mir gewöhnliches entlaidet war, weist ja, wie ich ohne Glauben lebte, wie ich so karg geworden war mit meinem Herzen, und darum so elend; konnt' ich werden, wie ich jezt bin, froh, wie ein Adler, wenn mir nicht diß, diß Eine erschienen wäre, und mir das Leben, das mir nichts mehr werth war, verjüngt, gestärkt, erheitert, verherrlicht hätte, mit seinem Frühlingslichte? Ich habe Augenblike, wo all' meine alten Sorgen mir so durchaus thöricht scheinen, so unbegreiflich, wie den Kindern.

Es ist auch wirklich oft unmöglich, vor ihr an etwas sterbliches zu denken und eben deßwegen läßt so wenig sich von ihr sagen.

Vieleicht gelingt mirs hie und da, einen Theil ihres Wesens in einem glüklichen Zuge zu bezeichnen, und da soll Dir keiner unbekannt bleiben. Aber es muß eine festliche durchaus ungestörte Stunde seyn, wenn ich von ihr schreiben soll. –

Daß ich jezt lieber dichte, als je, kannst Du Dir denken. Du sollst auch bald wieder etwas von mir sehen.

Was Du mir mittheiltest, hat Dir herrlichen Lohn gewonnen. Sie hat es gelesen, hat sich gefreut hat geweint über Deinen Klagen.

O sei glüklich, lieber Bruder! Ohne Freude kann die ewige Schönheit nicht recht in uns gedeihen. Großer Schmerz und große Lust bildet den Menschen am besten. Aber das Schustersleben, wo man Tag für Tag auf seinem Stuhle sizt, und treibt, was sich im Schlafe treiben läßt, das bringt den Geist vor der Zeit ins Grab.

Ich kann jezt nicht schreiben. Ich muß warten, bis ich weniger mich glüklich und jugendlich fühle. Leb wohl, treuer, geprüfter, ewiglieber Freund! Könt' ich ans Herz Dich drüken! Das wäre jezt die wahre Sprache für Dich und mich!

Dein

Hölderlin.

d. 10 *Jun.*

Ich reise heute noch nach Hamburg ab, wegen dem Kriege … Leb wohl, mein Bruder! Die Zeit dringt mich. Ich schreibe, wo möglich, Dir bald wieder.

AN SCHILLER

Frankfurt. d. 20 Nov. 1796.

Verehrungswürdigster!

Es macht mich oft traurig, daß ich Ihnen nimmer, wie ich sonst wohl durfte, ein Wort aus meiner Seele sagen kann, aber Ihr gänzlich Verstummen gegen mich macht mich wirklich blöde, und ich muß immer wenigstens irgend eine Kleinigkeit vorschüzen können, wenn ich mich dazu bringen soll, meinen Nahmen Ihnen wieder zu nennen.

Diese Kleinigkeit ist dißmal die Bitte, daß Sie die unglüklichen Verse, die keinen Plaz finden konnten in Ihrem dißjährigen Allmanache, mir wieder zur Durchsicht geben möchten, denn das Manuscript, das ich Ihnen im August von Kassel aus zuschikte, war das einzige, das ich hatte.

Möchten Sie es doch nicht für verlorne Mühe halten, Ihr Urtheil beizusezen, denn auch hierinn kann ich alles leichter ertragen, als Ihr Stillschweigen.

Ich erinnere mich noch sehr gut jedes kleinsten Zeichens Ihrer Theilnahme an mir. Sie haben mir auch, da ich noch in Franken lebte, einmal ein paar Worte geschrieben, die ich immer wiederhohle, so oft ich verkannt bin.

Haben Sie Ihre Meinung von mir geändert? Haben Sie mich aufgegeben?

Verzeihen Sie mir diese Fragen. Eine Anhänglichkeit an Sie, gegen welche ich oft vergebens angieng, wenn sie Leidenschaft war, eine Anhänglichkeit, die noch immer mich nicht verlassen hat, nöthigt solche Fragen mir ab.

Ich würde mich darüber tadeln, wenn Sie nicht der einzige Mann wären, an den ich meine Freiheit so verloren habe.

Ich weiß, daß ich nicht ruhen werde, bis ich durch irgend etwas Errungenes und Gelungenes wieder einmal ein Zeichen Ihrer Zufriedenheit erbeute.

Glauben Sie nicht, daß ich feire, wenn ich nicht von meinen Beschäfftigungen spreche. Aber es ist schwer, gegen die Niedergeschlagenheit auszuhalten, die einem der Verlust einer Gewogenheit giebt, wie diejenige war, die ich besaß oder mir träumte.

Ich bin verlegen, scrupulös über jedes Wort, das ich Ihnen sage, und doch bin ich sonst so ziemlich, wenn ich andern Menschen gegenüber mich finde, über jugendliche Ängstlichkeit weg.

Sagen Sie mir ein freundlich Wort, und Sie sollen sehen, wie ich verwandelt bin.

Ihr wahrer Verehrer

Hölderlin.

AN DEN BRUDER

Frankfurt. d. 12 Febr.

Abgegangen d. 14 März. 1798.

Liebster Bruder!

Es beweist mir für Deine gute Natur, daß Du unter allen Deinen Geschäfften an ächtem innerem Leben doch immer gewinnst, wie ich sehe; von der andern Seite bestätiget Dein Beispiel mich in der Meinung, die ich schon oft zu Gunsten der mechanischen Arbeit wagte; daß sie weniger tödtend sei, als eine Wirksamkeit, wo im Object und in der Behandlung die Willkühr möglichcr ist, daß sie den Menschen weniger zerreiße, als ein moralisch Geschäfft; daß sie uns leidenschaftloser lasse, in so fern die Leidenschaft doch wohl vornehmlich durch die Ungewißheit kömmt, in der wir uns befinden, wenn ein unbestimmter Gegenstand uns keine bestimmte Richtung nehmen läßt. Weiß ich nur, was eigentlich zu thun ist, so werd' ichs auch mit Ruhe thun; hab' ich aber von dem Gegenstande keinen sichern und genauen Begriff, so weiß ich auch nicht, welche Kraft und welches Maas von Kraft ihm anpaßt, und muß ich denn aus Furcht, zu wenig zu tun, zu viel, oder aus Furcht, zu viel zu thun, zu wenig thun, d. h. leidenschaftlich handeln. Lieber Karl! es ist oft wünschenswerther, blos mit der Oberfläche unsers Wesens beschäfftigt zu seyn, als immer seine ganze Seele, sei es in Liebe oder in Arbeit, der zerstörenden Wirklichkeit auszusezen. Aber davon überzeugt man sich nicht gerne in den Stunden des jugendlichen Erwachens, wo alle Kräfte hinausstreben nach Thaten und Freuden, und es ist auch wohl natürlich, daß wir gerne uns opfern, daß wir unsern ersten Frieden hingeben für das Glük der Welt und für den ungewissen Ruhm der Nachwelt. Aber zu eilig müssen wir nicht seyn, wir müssen zu früh nicht unsre schöne lebendige Natur, die heimathliche Wonne unsers Herzens gegen Kampf und Eifer und Sorge vertauschen, denn der Apfel fällt, wenn er nicht krank ist, erst vom Stamme, wenn er reif ist.

Lieber Karl! ich spreche wie einer, der Schiffbruch gelitten hat. So einer räth nur gar zu gerne, daß man im Hafen bleiben soll, bis die beste Jahrszeit zu der Fahrt vorhanden sei. Ich hatte offenbar zu früh hinausgestrebt, zu früh nach etwas Großem getrachtet, und muß es wohl, so lang ich lebe, büßen; schwerlich wird mir etwas ganz gelingen, weil ich meine Natur nicht in Ruhe und anspruchloser Sorgenlosigkeit aufreifen ließ.

Ich schreibe das alles mehr um meinetwillen, weil das Herz mir voll davon ist. Du brauchst diese Predigt nicht sehr.

Shakspeare ergreift Dich so ganz; das glaub' ich. Du möchtest auch von der Art etwas schreiben, lieber Karl! ich möcht' es auch. Es ist kein kleiner Wunsch. Du möchtest es, weil Du auf Deine Nation mitwirken möchtest; ich möcht' es darum auch, doch mehr noch, um in der Erzeugung eines so großen Kunstwerks, meine nach Vollendung dürstende Seele zu sättigen.

Ist es Dein Ernst, als Schriftsteller auf den deutschen Karakter zu wirken und diß ungeheure Brachfeld umzuakern und anzusäen, so wollt' ich Dir rathen, es lieber in o r a t o r i s c h e n, als poëtischen Versuchen zu thun. Du würdest schneller und sicherer zum Zweke gelangen. Ich wunderte mich schon oft, daß unsere guten Köpfe nicht häufiger darauf gerathen, eine kraftvolle Rede zu schreiben, z. B. über den Mangel an Natursinn bei den Gelehrten und Geschäfftsleuten, über religiöse Sclaverei p.p. Dir liegen politische und moralische Gegenstände im Vaterlande besonders nah, z. B. Zünfte, Stadtrechte, Communrechte p.p. Zu geringfügig sind derlei Objecte gewiß nicht, und Du bist durch Deine Lokalkenntniß dazu berufen, wenigstens für den Anfang. Doch will ich mit dem allem nichts Dir ein- und ausreden.

Ich hoffe, Dich bald zu sehen und zu sprechen. Wenn es nur sich irgend thun läßt, komm' ich auf den März zu euch Lieben. Ich suche Ruhe, mein Bruder! Die werd' ich finden an Deinem Herzen und im Umgang mit unsrer theuren Familie. Bester Karl! ich suche nur Ruhe. Halte mich nicht für feig und schlaff. Meine seit Jahren so mannigfach, so oft erschütterte Natur will nur sich sammeln, um dann einmal wieder frisch an eine Arbeit zu gehn.

Weist Du die Wurzel alles meines Übels? Ich möchte der Kunst leben, an der mein Herz hängt, und muß mich herumarbeiten unter den Menschen, daß ich oft so herzlich lebensmüde bin. Und warum das? Weil die Kunst wohl ihre Meister, aber den Schüler nicht nährt. Aber so etwas sag' ich nur Dir. Nicht wahr, ich bin ein schwacher Held, daß ich die Freiheit, die mir nötig ist, mir nicht ertroze. Aber siehe, Lieber, dann leb' ich wieder im Krieg, und das ist auch der Kunst nicht günstig. Laß es gut seyn! Ist doch schon mancher untergangen, der zum Dichter gemacht war. Wir leben in dem Dichterklima nicht. Darum gedeiht auch unter zehn solcher Pflanzen kaum e i n e .

Ich habe unter meinen kleinen Arbeiten noch keine gemacht, während welcher nicht irgend ein tiefes Leiden mich störte. Sagst Du, ich soll nicht achten, was mich leiden macht, so sag' ich Dir, ich müßte einen Leichtsinn haben, der mich bald um alle Liebe der Menschen brächte, unter denen ich lebe. –

Wie geht es denn in Eurer politischen Welt? Die Landtagsschriften hab' ich noch nicht wiederfinden können. Ich hab' sie jemand geliehn und weiß nicht mehr, wem. Verzeih' es mir, mein Lieber! Ich halte Dich gern auf jede Art dafür schadlos.

Die Briefe, die ich Dir schiken sollte, nach dem Auftrage, den Du hattest, müssen wohl in Nürtingen in Verwahrung liegen. Hier hab' ich keine. Ich kenne mein Herz und weiß, daß es so kommen mußte, wie es kam. Ich hab' in meiner schönsten Lebenszeit so manchen lieben Tag vertrauert, weil ich

Leichtsinn und Geringschäzung dulden mußte, so lange ich nicht der einzige war, der sich bewarb. Nachher fand ich Gefälligkeit und gab Gefälligkeit, aber es war nicht schwer zu merken, daß mein erster tieferer Antheil in dem unverdienten Leiden, das ich duldete, erloschen war. Mit dem dritten Jahre meines Aufenthalts in Tübingen war es aus. Das Übrige war oberflächlich, und ich hab' es genug gebüßt, daß ich noch die zwei lezten Jahre in Tübingen in einem solchen interesselosen Interesse lebte. Ich hab' es genug abgebüßt durch die Frivolität, die sich dadurch in meinen Karakter einschlich, und aus der ich nur durch unaussprechlich schmerzliche Erfahrungen mich wieder loswand. Das ist die reine Wahrheit, lieber Karl! Mußt Du von mir sprechen, so sieh, wie Du Dir hilfst. Betrüben möcht' ich um alles das gute Herz nicht.

Von Deinen Angelegenheiten will ich, wie ich hoffe, bald mündlich mit dir das Nähere besprechen. In jedem Fall ists mir ein groß Vergnügen, daß Du so früh Dich zum gründlichen Geschäfftsmann bildest.

Die Cisrhenaner werden nächstens, wie man hofft, lebendiger und reeller republikanisch seyn. Besonders soll in Mainz dem militärischen Despotismus, der daselbst jeden Freiheitskeim zu erstiken drohte, nun bald gesteuert werden.

Nun, leb' wohl, mein Lieber! wie immer

Dein

Friz.

AN DIE MUTTER

Liebste Mutter!

Ihr reines Wohlwollen, das mich auch wieder in Ihrem lezten lieben Briefe so innigst erfreute, auch Ihre zum Theil gerechte Sorge für meine Gesundheit läßt mich hoffen, daß Sie die längstvorbereitete Veränderung meiner Lage nicht mißbilligen werden.

Ich muß Ihnen zuvörderst zeigen, wie sicher und in jeder Rüksicht angemessen meine jezige Lage ist, und wenn ich dann noch die Gründe nenne, die mich veranlassen mußten, meine vorige Lage zu verlassen, nach langem Harren und vieler Gedult, so werden Sie mehr Ursache zur Zufriedenheit als zur Unzufriedenheit in diesem Briefe finden.

Durch Schriftstellerarbeit und sparsame Wirtschaft mit meiner Besoldung hab' ich mir in den lezten anderhalb Jahren meines Aufenthalts in Frankfurt 500 fl zusammengebracht. Mit fünfhundert Gulden, glaub' ich, ist man in jedem Orte der Welt, der nicht so theuer ist, wie Frankfurt, wenigstens auf ein Jahr von ökonomischer Seite völlig gesichert. Ich hatte also insofern alles Recht, die Gesundheit und die Kräfte, die durch die anstrengende Verbindung meiner Berufsgeschäffte und meiner eignen Arbeiten sich nothwendig schwächten, wiederherzustellen durch eine ruhigere Lebensart, die ich mir nicht ohne Mühe auf diese Art möglich gemacht hatte. – Hiezu kam, daß mein Freund, der Regierungsrath von Sinklair in Homburg, der an meiner Lage in Frankfurt schon lange Theil genommen hatte, mir rieth, zu ihm nach Homburg hinüberzuziehen, Kost und Logis um ein

Geringes bei ihm zu nehmen, und mir durch ungestörte Beschäfftigung endlich einen geltenden Posten in der gesellschaftlichen Welt vorzubereiten. Ich wandte ihm vieles ein, unter anderem auch, daß ich auf diese Art in eine gewisse Dependenz von ihm geriethe, die Freunden nicht anständig wäre. Um diesen Einwurf zu heben, besorgte er mir ein Logis und Kost außer seinem Hauße, wo ich äußerst angenehm und ungestört und gesund wohne, und für die Zimmer, Bedienung und Wäsche jährlich 70 fl zahle. Für das Mittagessen, welches wirklich im Verhältniß mit seinem Preise außerordentlich gut zubereitet ist, zahl ich täglich 16 cr. Abends bin ich lange gewohnt, nur Thee zu trinken und etwas Obst zu mir zu nehmen; (da ich überflüssig viele Kleider, die freilich in Frankfurt alle nothwendig waren mit mir hieher brachte, so sehn Sie wohl, wie weit ich mit meinem Geldvorrath hinreichen kann.)

Sinklairs Familie besteht aus vortreflichen Menschen, die mich alle schon längst bei meinen Besuchen mit zuvorkommender Güte behandelten, und seit ich wirklich hier bin, mit so viel Theilnahme und Aufmunterung mich überhäufften, daß ich eher Ursache habe, mich um meiner Geschäffte und um meiner Freiheit willen zurükzuziehn, als zu fürchten, daß ich gar zu einsam leben möchte. Am Hofe hat mein Buch einigermaaßen Glük gemacht und man hat gewünscht, mich kennen zu lernen. Die Familie des Landgrafen besteht aus ächtedeln Menschen, die sich durch ihre Gesinnungen und ihre Lebensart von andern ihrer Klasse ganz auffallend auszeichnen. Ich bleibe übrigens entfernt, aus Vorsicht und um meiner Freiheit willen, mache meine Aufwartung und lasse es dabei bewenden. Sie trauen mir zu, daß ich diß alles nur insofern erzähle, als es Ihnen angenehm, und mir vieleicht im

Nothfall nüzlich ist. Wesentlich ist aber der geistreiche verständige, herzliche Umgang meines Sinklair. Bei einem solchen Manne ist jede Stunde für den andern Gewinn an Seele und Freude. Sie können sich denken, welchen Einfluß diß auf meine Beschäfftigungen und auf meinen Karakter haben muß. Ich erspare es auf ein andermal, der Kürze wegen, Ihnen noch manches zu sagen, was Sie überzeugen wird, wie sehr dieser Ort und meine gegenwärtige Lage für meine reelsten Bedürfnisse gemacht ist. Nöthig war es schlechterdings, mich irgend einmal in einer unabhängigern Lage für mein künftiges Fach vorzubereiten, und urtheilen Sie selbst, ob der Plaz, den ich dazu gewählt, angemessener seyn könnte. – Ich gestehe Ihnen, ich hätte sehr gewünscht bei allem dem, in meiner vorigen Lage noch länger zu bleiben, einmal, weil es mir unendlich schwer wurde, mich von meinen guten wohlgerathnen Zöglingen zu trennen, und dann auch, weil ich wohl sah, daß jede Veränderung meiner Lage, auch die nothwendige und günstige, Sie beunruhigen würde. Auch hätt' ich sicher nicht die Mühe gescheut, die es mir kostete, meine eigenen Arbeiten neben meiner Erziehung zu betreiben, wiewol ich sagen darf, daß eben das Interesse, das ich für diese Kinder fühlte, mir schlechterdings nicht erlaubte, meine Erziehung mir auf irgend eine Art bequem zu machen. Die Liebe die sie zu mir hatten, und der glükliche Erfolg meiner Bemühungen erheiterte mich dann auch oft und machte mir das Leben leichter. Aber der unhöfliche Stolz, die geflissentliche tägliche Herabwürdigung aller Wissenschaft und aller Bildung, die Äußerungen, daß die Hofmeister auch Bedienten wären, daß sie nichts besonders für sich fordern könnten, weil man sie für das bezahlte, was sie thäten, u.s.w. und manches andre, was man mir, weils eben Ton in Frankfurt ist, so hinwarf – das kränkte mich, so sehr ich suchte, mich darüber weg zu sezen, doch immer mehr, und gab mir manchmal einen stillen Aerger, der für Leib und Seele niemals gut ist. Glauben Sie, ich war gedultig! Wenn Sie jemals mir ein Wort geglaubt, so glauben Sie mir diß! Sie werden es für übertrieben halten, wenn ich Ihnen sage, daß es heutzutage schlechterdings unmöglich ist, in solchen Verhältnissen lange auszudauern; aber, wenn Sie sehen könten, auf welchen Grad besonders die reichen Kaufleute in Frankfurt durch die jezigen Zeitumstände erbittert sind, und wie sie jeden, der von ihnen abhängt, diese Erbitterung entgelten lassen, so würden Sie erklärlich finden, was ich sage. – Ich mag nicht mehr und nicht bestimmter von der Sache sprechen, weil ich wirklich ungern mich entschließe, von den Leuten schlimm zu sprechen. – Diese beinahe täglichen Kränkungen waren es eigentlich, was meine Berufsarbeiten und andere Beschäftigungen unsäglich mir erschwerte, und mich für beedes wirklich unnüz gemacht hätte, wenn ich nicht in eben dem Grade Anstrengung aufgewandt hätte, in welchem ich litt. Das konnte jedoch nur eine Weile dauern. Vorigen ganzen Sommer mußt ich beinahe müßig gehen, wenn ich fertig war mit meinen Kindern, weil ich meist zu kränklich oder doch zu müde war zu etwas andrem. – Ich schäme mich, in diesem Tone von mir zu sprechen, und nur Ihnen zu lieb, nur, um Sie von der Nothwendigkeit einer Veränderung zu überzeugen, kann ich mich dazu verstehen. – Ich mußte mich endlich entschließen, zu dem schweren Abschied von den guten Kindern, dem ich so lange und der Himmel weiß! mit wie viel Mühe und Sorge ausgewichen war. Auch um meiner Ehre willen fand ich es nicht schön, so leidend, wie mich meine Freunde sahn, noch länger vor ihnen zu erscheinen. Ich erklärte Herrn Gontard, daß es meine künftige Bestimmung erfodere, mich auf eine Zeit in eine unabhängige Lage zu versezen, ich vermied alle weitern Erklärungen, und wir schieden höflich außeinander. Ich möchte Ihnen noch gerne von meinem guten Henry viel erzählen; aber ich muß fast alle Gedanken an ihn mir aus dem Sinne schlagen, wenn ich mich nicht zu sehr erweichen will. Er ist ein treflicher Knabe, voll seltner Anlagen, und in so manchem ganz nach meinem Herzen. Er vergißt mich nie, so wie ich niemals ihn vergesse. Ich glaub' auch einen vesten guten Grund in ihm gelegt zu haben, auf den er weiter bauen kann. Es freut mich, daß ich nur drei Stunden von ihm entfernt bin; so kann ich doch von Zeit zu Zeit erfahren, wie es ihm geht. – Ich muß schnell abbrechen, um den Brief noch auf die Post zu bringen. Erfreuen Sie mich bald mit einem gütigen Briefe. Empfehlen Sie mich in Blaubeuren. Ich will auch nächstens dahin schreiben; tausend Grüße an den l. Karl; es soll auch diese Woche noch, wenns möglich ist, ein langer Brief an ihn abgehn. Wie befindet sich die Frau Grosmamma? Machen Sie ihr meine herzlichsten Empfehlungen. Ich bin, wie immerhin, mit kindlicher Ergebenheit

Homburg vor der Höhe.   Ihr
d. 10 *Oct.* 1798.   Friz.

Meine Adresse.
   M. Hölderlin, wohnhaft bei HE. Wagner, Glaser in Homburg vor der Höhe.

Homburg vor der Höhe.

d. 12 Nov. 1798.

Liebster Neuffer!

Ich habe meine Lage verändert, seit ich Dir das leztemal schrieb und habe im Sinne, einige Zeit hier in Homburg zu privatisiren. Es ist etwas über einen Monath, daß ich hier bin, und ich habe indessen ruhig, bei meinem Trauerspiel, im Umgang mit Sinklair, und im Genuß der schönen Herbsttage gelebt. Ich war durch mancherlei Leiden so zerrissen, daß ich das Glük der Ruhe wohl den guten Göttern danken darf.

Ich bin sehr begierig auf Nachrichten von Dir und auf Deinen Allmanach; ich werde aber wohl noch warten müssen, wenn ich ihn nicht selbst bei Dir hohle, nicht, weil ich Dich für nachlässig halte, sondern, weil Deine Briefe erst in 4 Wochen mich hier wieder treffen werden.

Mein Freund Sinklair reißt nemlich in Angelegenheiten seines Hofes nach Rastadt, und macht mir, unter sehr vorteilhaften Anerbietungen, den Vorschlag, ihm dahin Gesellschaft zu leisten. Ich kan diß, durch Sinklairs Generosität, beinahe ganz ohne einen Verlust in meiner kleinen Ökonomie, auch ohne meine Beschäftigungen sehr zu unterbrechen, ins Werk stellen und es wäre demnach sonderbar gewesen, wenn ich nicht darein gewilliget hätte.

Heute noch oder morgen reisen wir ab.

Vieleicht, daß ich von Rastadt aus einen Gang ins Wirtembergische mache. Sollte diß nicht möglich werden, so würd' ich Dich in einem Briefe von Rastadt aus bitten, wenn Dich die Umstände nicht hindern, auf einen bestimmten Tag in Neuenbürg einzutreffen, wo ich dann hinkäme, um Dich einmal wieder von Angesicht zu Angesicht zu haben. Es sollte mir unendlich lieb seyn über alles, was uns gemeinschaftlich interessirt, einmal wieder mit Dir sprechen zu können. – Das Lebendige in der Poësie ist jezt dasjenige, was am meisten meine Gedanken und Sinne beschäfftiget. Ich fühle so tief, wie weit ich noch davon bin, es zu treffen, und dennoch ringt meine ganze Seele danach und es ergreift mich oft, daß ich weinen muß, wie ein Kind, wenn ich um und um fühle, wie es meinen Darstellungen an einem und dem andern fehlt, und ich doch aus den poëtischen Irren, in denen ich herumwandele, mich nicht herauswinden kan. Ach! die Welt hat meinen Geist von früher Jugend an in sich zurükgescheucht, und daran leid' ich noch immer. Es giebt zwar einen Hospital, wohin sich jeder auf meine Art verunglückte Poët mit Ehren flüchten kann – die Philosophie. Aber ich kann von meiner ersten Liebe, von den Hofnungen meiner Jugend nicht lassen, und ich will lieber verdienstlos untergehen, als mich trennen von der süßen Heimath der Musen, aus der mich blos der Zufall verschlagen hat. Weist Du mir einen guten Rath, der mich so schnell wie möglich auf das Wahre bringt, so gieb mir ihn. Es fehlt mir weniger an Kraft, als an Leichtigkeit, weniger an Ideen, als an Nüancen, weniger an einem Haupton, als an mannigfaltig geordneten Tönen, weniger an Licht, wie an Schatten, und das alles aus Einem Grunde; ich scheue das Gemeine und Gewöhnliche im wirklichen Leben zu sehr. Ich bin ein rechter Pedant, wenn Du willst. Und doch sind, wenn ich nicht irre, die Pedanten sonst so kalt und lieblos, und mein Herz ist doch so voreilig, mit den Menschen und den Dingen unter dem Monde sich zu verschwistern. Ich glaube fast, ich bin aus lauter Liebe pedantisch, ich bin nicht scheu, weil ich mich fürchte, von der Wirklichkeit in meiner Eigensucht gestört zu werden, aber ich bin es, weil ich mich fürchte, von der Wirklichkeit in der innigen Theilnahme gestört zu werden, mit der ich mich gern an etwas anderes schließe; ich fürchte, das warme Leben in mir zu erkälten an der eiskalten Geschichte des Tags und diese Furcht kommt daher, weil ich alles, was von Jugend auf zerstörendes mich traf, empfindlicher als andre aufnahm, und diese Empfindlichkeit scheint darinn ihren Grund zu haben, daß ich im Verhältniß mit den Erfahrungen, die ich machen mußte, nicht fest und unzerstörbar genug organisirt war. Das sehe ich. Kann es mir helfen, daß ich es sehe? Ich glaube, so viel. Weil ich zerstörbarer bin, als mancher andre, so muß ich um so mehr den Dingen, die auf mich zerstörend wirken, einen Vortheil abzugewinnen suchen, ich muß sie nicht an sich, ich muß sie nur insofern nehmen, als sie meinem wahrsten Leben dienlich sind. Ich muß sie wo ich sie finde, schon zum voraus als unentbehrlichen Stoff nehmen, ohne den mein Innigstes sich niemals völlig darstellen wird. Ich muß sie in mich aufnehmen, um sie gelegenheitlich (als Künstler, wenn ich einmal Künstler seyn will und seyn soll) als Schatten zu meinem Lichte aufzustellen, um sie als untergeordnete Töne wiederzugeben, unter denen der Ton meiner Seele um so lebendiger hervorspringt. Das Reine kan sich nur darstellen im Unreinen und versuchst Du, das Edle zu geben ohne Gemeines, so wird es als das Allerunnatürlichste, Ungereimteste dastehn, und zwar darum, weil das Edle selber, so wie es zur Äußerung kömmt, die Farbe des Schiksaals trägt, unter dem es entstand, weil das Schöne, so wie es sich in der Wirklichkeit darstellt, von den Umständen unter denen es hervorgeht, nothwendig eine Form annimmt, die ihm nicht natürlich ist, und die nur dadurch zur natürlichen Form wird, daß man eben die Umstände, die ihm nothwendig diese Form gaben, hinzunimmt. So ist z. B. der Karakter des Brutus ein höchstunnatürlicher, widersinniger Karakter, wenn man ihn nicht mitten unter den Umständen sieht, die seinem sanften Geiste diese strenge Form aufnöthigten. Also ohne Gemeines kann nichts Edles dargestellt werden; und so will ich mir immer sagen, wenn mir Gemeines in der Welt aufstößt: Du brauchst es ja so nothwendig, wie der Töpfer den Leimen, und darum nehm es immer auf und stoß es nicht von dir und scheue nicht dran. Das wäre das Resultat.

Indem ich mir von Dir einen Rath erbitten und deßwegen meine Fehler, die Dir freilich in gewissem Grade schon bekannt sind, recht bestimmt darstellen, auch mir selber zum Bewußtseyn bringen wollte, bin ich weiter hineingerathen, als ich dachte, und daß Du meine Grübeleien ganz begreifst, so will ich Dir gestehen, daß ich seit einigen Tagen mit meiner Arbeit ins Stoken gerathen bin, wo ich dann immer aufs Räsonniren verfalle. Vieleicht veranlassen Dich meine flüchtigen Gedanken, zu weiterem Nachdenken über Künstler und Kunst, besonders auch über meine poëtischen Hauptmängel und wie ihnen abzuhelfen ist, und Du bist so gut und theilst es mir bei Gelegenheit mit. –

Lebe wohl, liebster Neuffer! ich schreibe Dir sogleich von Rastadt aus wieder.

Dein

Hölderlin.

AN DEN BRUDER

[Homburg, 31. Dezember 1798]

Sollte Dein Schiksaal nicht über kurz oder lange eine gün-
stige Wendung nehmen, so geb' ich Dir mein heiligstes Bru-
derwort, daß ich mit allem, was ich bin und habe, Dir zu Dien-
sten seyn werde. Indessen bitt' ich dich, Liebster! so heiter,
wie möglich, Deine Lage anzusehen. Gönne mir die Freude,
manche bittre Erfahrung auch in Deinem Nahmen gemacht
zu haben, und fasse mir diß Wort, das ich Dir sagen will, mit
Deinem hellsten Geiste auf, und glaub' es meiner Liebe: die
Welt zerstört uns bis auf den Grund, wenn wir jede Belaidi-
gung geradezu ins Herz gehen lassen, und die Besten müssen
schlechterdings auf irgend eine Art zu Grunde gehen, wenn
sie nicht noch zu rechter Zeit dahin kommen, daß sie alles,
was die Menschen ihnen aus Nothdurft und Geistes- und Her-
zensschwäche anthun, in den ruhigen Verstand aufnehmen,
statt ins gute Gemüth, das auch, wenn es gekränkt ist, von sei-
ner Großmuth nicht lassen kann, und den armen Belaidigun-
gen der Menschen die Ehre widerfahren läßt, sie hoch zu
nehmen. Glaube mir, der hierinn gewiß nicht aus Eigendün-
kel, sondern aus dem tiefen Gefühle seines Mangels und aus
manchen trüben Erinnerungen spricht, glaube mir, der ru-
hige Verstand ist die heilige Aegide, die im Kriege der Welt
das Herz vor giftigen Pfeilen bewahrt. Und ich glaube, zu
meinem eigenen Troste, daß dieser ruhige Verstand, mehr als
irgend eine Tugend der Seele, durch die Einsicht seines
Werths und gutwillige beharrliche Übung kann erworben
werden. Wie manches möcht' ich Dir oft mit Blut hinschrei-

ben, wenn ich zurüksehe auf die Jahre, die ich wohl zur Hälfte in Gram und Irren verlor, und die für Dich noch unverbraucht sind, bester Karl! Es ergreift einen wunderbar, wenn man sich mit saurer Mühe und genauer Noth hindurchgerungen hat, und denkt, daß es dem andern, den man liebt, nun auch nicht leichter werden soll. Wir fürchten überhaupt das Schiksaal viel weniger für uns, als für die, die unserm Herzen theuer sind. –

Eben schlägt die Gloke zwölf, und das Jahr 99 fängt an Ein glükliches Jahr für Dich, Liebster, und alle die Unsrigen! Und dann ein neues großes glükliches Jahrhundert für Deutschland und die Welt!

So will ich mich schlafen legen.

d. 1 Jan. 1799.

Ich hatte heute meine gewöhnlichen Beschäfftigungen bei Seite gelegt und bin in meinem Müßiggange in allerlei Gedanken hineingerathen über das Interesse, das jezt die Deutschen für spekulative Philosophie, und wieder für politische Lectüre, dann auch, nur in geringerem Grade, für die Poësie haben. Vieleicht hast Du einen kleinen lustigen Aufsaz in der allgemeinen Zeitung über das deutsche Dichterkorps gelesen. Dieser war es, was mich zunächst dazu veranlaßte, und weil Du und ich jezt selten philosophiren, so wirst Du es nicht undienlich finden, wenn ich diese meine Gedanken Dir niederschreibe.

Der günstige Einfluß, den die philosophische und politische Lectüre auf die Bildung unserer Nation haben, ist unstreitig, und vieleicht war der deutsche Volkskarakter, wenn ich ihn anders aus meiner sehr unvollständigen Erfahrung richtig abstrahirt habe, gerade jenes beiderseitigen Einflusses vorerst bedürftiger, als irgend eines andern. Ich glaube nemlich, daß sich die gewöhnlichsten Tugenden und Mängel der Deutschen auf eine ziemlich botnirte Häuslichkeit reduziren. Sie sind überall *glebae addicti* und die meisten sind auf irgend eine Art, wörtlich oder metaphorisch, an ihre Erdscholle gefesselt und wenn es so fort gienge, müßten sie sich am Ende an ihren lieben (moralischen und physischen) Erwerbnissen und Ererbnissen, wie jener gutherzige niederländische Maler zu Tode schleppen. Jeder ist nur in dem zu Hauße, worinn er geboren ist, und kann und mag mit seinem Interesse und seinen Begriffen nur selten darüber hinaus. Daher jener Mangel an Elasticität, an Trieb, an mannigfaltiger Entwiklung der Kräfte, daher die finstere, wegwerfende Scheue oder auch die furchtsame unterwürfig blinde Andacht, womit sie alles aufnehmen, was außer ihrer ängstlich engen Sphäre liegt; daher auch diese Gefühllosigkeit für gemeinschaftliche Ehre und gemeinschaftliches Eigentum, die freilich bei den modernen Völkern sehr allgemein, aber meines Erachtens unter den Deutschen in eminentem Grade vorhanden ist. Und wie nur der in seiner Stube sich gefällt, der auch im freien Felde lebt, so kann ohne Allgemeinsinn und offnen Blik in die Welt auch das individuelle, jedem eigene Leben nicht bestehen, und wirklich ist unter den Deutschen eines mit dem andern untergegangen, wie es scheint, und es spricht eben nicht für die Apostel der Beschränktheit, daß unter den Alten, wo jeder mit Sinn und Seele der Welt angehörte, die ihn umgab, weit mehr Innigkeit in einzelnen Karakteren und Verhältnissen zu finden ist, als zum Beispiel unter uns Deutschen, und das affectirte Geschrei von herzlosem Kosmopolitismus und überspannender Metaphysik kann wohl nicht wahrer widerlegt werden, als durch ein edles Paar, wie Thales und Solon, die

mit einander Griechenland und Aegypten und Asien durch-
wanderten, um Bekanntschaft zu machen mit den Staatsver-
fassungen und Philosophen der Welt, die also in mehr als Ei-
ner Rüksicht verallgemeinert waren, aber dabei recht
gute Freunde, und menschlicher und sogar naiver, als alle die
mit einander, die uns bereden möchten, man dürfe die Au-
gen nicht aufthun, und der Welt, die es immer werth ist, das
Herz nicht öffnen, um seine Natürlichkeit beisammen zu be-
halten.

Da nun gröstentheils die Deutschen in diesem ängstlich
bornirten Zustande sich befanden, so konnten sie keinen
heilsameren Einfluß erfahren, als den der neuen Philoso-
phie, die bis zum Extrem auf Allgemeinheit des Interesses
dringt, und das unendliche Streben in der Brust des Men-
schen aufdekt, und wenn sie schon sich zu einseitig an die
große Selbstthätigkeit der Menschennatur hält, so ist sie
doch, als Philosophie der Zeit, die einzig mögliche.

Kant ist der Moses unserer Nation, der sie aus der ägypti-
schen Erschlaffung in die freie einsame Wüste seiner Speculation
tion führt, und der das energische Gesez vom heiligen Berge
bringt. Freilich tanzen sie noch immer um ihre güldenen Käl-
ber und hungern nach ihren Fleischtöpfen und er müßte
wohl im eigentlichen Sinne in irgend eine Einsame mit ihnen
auswandern, wenn sie vom Bauchdienst und den todten,
herz- und sinnlos gewordenen Gebräuchen und Meinungen
lassen sollten, unter denen ihre bessere lebendige Natur un-
hörbar, wie eine tief eingekerkerte, seufzt. Von der andern
Seite muß die politische Lectüre eben so günstig wirken, be-
sonders, wenn die Phänomene unserer Zeit in einer kräftigen
und sachkundigen Darstellung vor das Auge gebracht wer-
den. Der Horizont der Menschen erweitert sich, und mit dem

täglichen Blik in die Welt entsteht und wächst auch das Interesse für die Welt, und der Allgemeinsinn und die Erhebung über den eigenen engen Lebenskreis wird gewiß durch die Ansicht der weitverbreiteten Menschengesellschaft und ihrer großen Schiksaale so sehr befördert, wie durch das philosophische Gebot, das Interesse und die Gesichtspuncte zu verallgemeinern, und wie der Krieger, wenn er mit dem Heere zusammenwirkt, muthiger und mächtiger sich fühlt, und es in der That ist, so wächst überhaupt die Kraft und Regsamkeit der Menschen in eben dem Grade, in welchem sich der Kreis des Lebens erweitert, worinn sie mitwirkend und mitleidend sich fühlen (wenn anders die Sphäre sich nicht so weit ausdehnt, daß sich der Einzelne zu sehr im Ganzen verliert). Übrigens ist das Interesse für Philosophie und Politik, wenn es auch noch allgemeiner und ernster wäre, als es ist, nichts weniger als hinreichend für die Bildung unserer Nation, und es wäre zu wünschen, daß der gränzenlose Misverstand einmal aufhörte, womit die Kunst, und besonders die Poësie, bei denen, die sie treiben und denen, die sie genießen wollen, herabgewürdigt wird. Man hat schon so viel gesagt über den Einfluß der schönen Künste auf die Bildung der Menschen, aber es kam immer heraus, als wär' es keinem Ernst damit, und das war natürlich, denn sie dachten nicht, was die Kunst, und besonders die Poësie, ihrer Natur nach, ist. Man hielt sich blos an ihre anspruchlose Außenseite, die freilich von ihrem Wesen unzertrennlich ist, aber nichts weniger, als den ganzen Karakter derselben ausmacht; man nahm sie für Spiel, weil sie in der bescheidenen Gestalt des Spiels erscheint, und so konnte sich auch vernünftiger weise keine andere Wirkung von ihr ergeben, als die des Spiels, nemlich Zerstreuung, beinahe das gerade Gegentheil von dem, was sie wirket, wo sie in ihrer wahren Natur vorhanden ist. Denn alsdann sammelt sich der Mensch bei ihr, und sie giebt ihm Ruhe, nicht die leere, sondern die lebendige Ruhe, wo alle Kräfte regsam sind, und nur wegen ihrer innigen Harmonie nicht als thätig erkannt werden. Sie nähert die Menschen, und bringt sie zusammen, nicht wie das Spiel, wo sie nur dadurch vereiniget sind, daß jeder sich vergißt und die lebendige Eigentümlichkeit von keinem zum Vorschein kömmt.

Du wirst verzeihen, liebster Bruder! daß ich so langsam und fragmentarisch mit meinem Briefe bin. Es wird vieleicht wenigen der Übergang von einer Stimmung zur andern so schwer, wie mir; besonders kann ich mich nicht leicht aus dem Raisonnement in die Poësie heraus finden, und umgekehrt. Auch hat mich dieser Tage ein Brief von unserer lieben Mutter, wo sie ihre Freude über meine Religiosität äußerte, und mich unter anderm bat, unserer theuren 72jährigen Grosmutter ein Gedicht zu ihrem Geburtstage zu machen, und noch manches andere, in dem unaussprechlich rührenden Briefe so ergriffen, daß ich die Zeit, wo ich vieleicht an Dich geschrieben hätte, meist mit Gedanken an sie und euch Lieben überhaupt zubrachte. Ich habe auch denselben Abend noch, da ich den Brief bekommen, ein Gedicht für die l. Grosmutter angefangen, und bin in der Nacht beinahe damit fertig geworden. Ich dachte, es müßte die guten Mütter freuen, wenn ich gleich den Tag darauf einen Brief und das Gedicht abschikte. Aber die Töne, die ich da berührte, klangen so mächtig in mir wieder, die Verwandlungen meines Gemüths und Geistes, die ich seit meiner Jugend erfuhr, die Vergangenheit und Gegenwart meines Lebens wurde mir dabei so fühlbar, daß ich den Schlaf nachher nicht finden konnte, und den andern Tag Mühe hatte, mich wieder zu sammeln.

So bin ich. Du wirst Dich wundern, wenn Du die poëtisch so unbedeutenden Verse zu Gesicht bekommst, wie mir dabei so wunderbar zu Muthe seyn konnte. Aber ich habe gar wenig von dem gesagt, was ich dabei empfunden habe. Es gehet mir überhaupt manchmal so, daß ich meine lebendigste Seele in sehr flachen Worten hingebe, daß kein Mensch weiß, was sie eigentlich sagen wollen, als ich.

Ich will nun sehen, ob ich noch etwas von dem, was ich Dir neulich über Poësie sagen wollte, herausbringen kann. Nicht, wie das Spiel, vereinige die Poësie die Menschen, sagt' ich; sie vereinigt sie nemlich, wenn sie ächt ist und ächt wirkt, mit all dem mannigfachen Laid und Glük und Streben und Hoffen und Fürchten, mit all ihren Meinungen und Fehlern, all ihren Tugenden und Ideen, mit allem Großen und Kleinen, das unter ihnen ist, immer mehr, zu einem lebendigen tausendfach gegliederten innigen Ganzen, denn eben diß soll die Poësie selber seyn, und wie die Ursache, so die Wirkung. Nicht wahr, Lieber, so eine Panacee könnten die Deutschen wohl brauchen, auch nach der politisch philosophischen Kur; denn, alles andre abgerechnet, so hat die philosophisch politische Bildung schon in sich selbst die Inkonvenienz, daß sie zwar die Menschen zu den wesentlichen, unumgänglich nothwendigen Verhältnissen, zu Pflicht und Recht, zusammenknüpft, aber wie viel ist dann zur Menschenharmonie noch übrig? Der nach optischen Regeln gezeichnete Vor- und Mittel- und Hintergrund ist noch lange nicht die Landschaft, die sich neben das lebendige Werk der Natur allenfalls stellen möchte. Aber die Besten unter den Deutschen meinen meist noch immer, wenn nur erst die Welt hübsch s y m m e t r i s c h wäre, so wäre alles geschehen. O Griechenland, mit deiner Genialität und deiner Frömmigkeit, wo bist du hingekommen? Auch ich mit allem guten Willen, tappe mit meinem Thun und Denken diesen einzigen Menschen in der Welt nur nach, und bin in dem, was ich treibe und sage, oft nur um so ungeschikter und ungereimter, weil ich, wie die Gänse mit platten Füßen im modernen Wasser stehe, und unmächtig zum griechischen Himmel emporflügle. Nimm mir das Gleichniß nicht übel. Es ist unschiklich, aber wahr, und unter uns gehet so was noch wohl an, soll auch nur mir gesagt seyn.

Für Deine aufmunternden Äußerungen über meine Gedichtchen, und manches andre freundliche kräftige Wort in Deinem Briefe, dank' ich Dir tausendmal. Wir müssen fest zusammenhalten in aller unserer Noth und unserem Geiste. Vor allen Dingen wollen wir das große Wort, das *homo sum, nihil humani a me alienum puto,* mit aller Liebe und allem Ernste aufnehmen; es soll uns nicht leichtsinnig, es soll uns nur wahr gegen uns selbst, und hellsehend und duldsam gegen die Welt machen, aber dann wollen wir uns auch durch kein Geschwäz von Affectation, Übertreibung, Ehrgeiz, Sonderbarkeit *etc.* hindern lassen, um mit allen Kräften zu ringen, und mit aller Schärfe und Zartheit zuzusehn, wie wir alles Menschliche an uns und andern in immer freieren und innigern Zusammenhang bringen, es sei in bildlicher Darstellung oder in wirklicher Welt, und wenn das Reich der Finsterniß mit Gewalt einbrechen will, so werfen wir die Feder unter den Tisch und gehen in Gottes Nahmen dahin, wo die Noth am grösten ist, und wir am nöthigsten sind. Lebe wohl!

Dein

Friz.

Homburg. im *Jan.* 1799.

Liebste Mutter!

Ich muß mich schämen, daß ich Ihren l. Brief, der mir indessen so viele innigglükliche Stunden und Augenblike gemacht hat, so lange nicht beantwortet habe. Noch denselben Abend, da ich ihn erhalten hatte, schrieb ich gröstentheils das nieder, was ich Ihnen für meine theure ehrwürdige Grosmutter beilege, und ich habe es Ihnen recht von Herzen bei mir selber gedankt, daß Sie mich von diesem mir heiligen Geburtstage benachrichtiget haben. Der Brief an Sie sollte Tags darauf geschrieben werden, und es wäre mir selber eine Freude gewesen, wenn ich das, was ich beim Empfang des Ihrigen fühlte, Ihnen so bald wie möglich hätte sagen können. Ich wurde aber indessen auf mancherlei Art verhindert. Zeit hätte ich wohl gehabt, aber ich mag Ihnen gerne mit ungestörter Seele schreiben. Es war von keiner Bedeutung, was mich beunruhigte, und mir meine reinere Stimmung nicht ließ. Ich sage Ihnen das, damit Sie sich keine Sorge machen. Harte Behauptungen, die ich zu lesen bekam, die freilich sehr gegen mein Gemüth angiengen, weil sie gegen meine unentbehrlichsten Überzeugungen waren, das war es gröstentheils, was mich in meinem friedlichen Leben unterbrach. Es ist freilich nicht gut, daß ich so zerstörbar bin, und ein fester, getreuer Sinn ist auch mein täglichster Wunsch, und nichts erhält mich mehr in Demuth, als die Kenntniß meiner Schwäche von dieser Seite, und daß ich bei aller meiner ehrlichen Bemühung und

Einsicht des Bessern und Glüklichern, doch noch immer der alte Empfindliche bin. Ich habe die Hälfte meiner Jugend in Leiden und Irren verloren, die nur aus dieser Quelle entsprangen. Jezt bin ich wohl gedultiger und lass' es niemand entgelten und bin, wenn ich mich nicht irre, gegen andere weniger launisch, denn sonst, aber um die innere Reinheit und ruhige Wirksamkeit können mich immer noch Eindrüke bringen, die einen vester Gebildeten vieleicht nicht einen Augenblik störten. Freilich ist es jezt auch natürlich, daß mich jeder augenblikliche Mißklang stärker trift, wo ich kaum aus tausendfältiger Unruhe mich herausgerettet habe und nun am Wohllaut des Guten und Wahren und Schönen mich sammeln und stillen mag. Ich verspreche Ihnen und mir, mich immer zu üben, daß ich das, was ich bei ruhigem Sinne so leicht reimen kann, auch beim ersten Eindruke so aufnehmen lerne. Ich kenne kein größer Glük, als bescheidenes Wirken und Hoffen. Das kann aber bei einem leicht gekränkten Sinne nicht bestehen. – Ich suche auch durch mäßige Bewegung und durch Ordnung meinen Körper zu bevestigen, weil ich einsehe, daß mitunter auch die Ursache in ihm liegt. Ich bin zwar gesund und jezt gesunder als sonst, und leide am Kopf und in den Eingeweiden nimmer, wie gewöhnlich, aber ich finde doch, daß meine Nerven zu reizbar sind. Ich sage das besonders auch, weil Sie sich mit dieser zärtlichen Theilnahme nach meiner Gesundheit erkundigen. – Daß Sie meine Äußerungen über Religion mit dieser schönsten aller Freuden aufgenommen haben, zeugt mir so ganz von dem Gemüth, das nur im Höchsten seine Beruhigung findet. Ich glaub' es Ihnen wohl, theuerste Mutter! wie es Ihnen das Andenken an mich erleichtern und erheitern muß, wenn Sie die besten Gefühle einer Menschenseele in mir wissen und sich daran halten können in den Zweifeln und Sorgen, mit denen sich auch die Besten einander betrachten müssen, und je lieber sie sich sind, je mehr, denn wir kennen ja kaum uns selbst, und so bekannt, als wir uns selber sind, wird uns doch niemals ein anderes. Ich behalte mirs vor, Ihnen bei mehrerer Muße ein vollständiges Glaubensbekenntniß abzulegen, und ich wollte, ich dürfte überall meines Herzens Meinung so offen und rein heraussagen, als ich bei Ihnen kann. Aber die Schriftgelehrten und Pharisäer unserer Zeit, die aus der heiligen lieben Bibel ein kaltes, geist- und herztödtendes Geschwäz machen, die mag ich freilich nicht zu Zeugen meines innigen, lebendigen Glaubens haben. Ich weiß wohl, wie jene dazu gekommen sind, und weil es ihnen Gott vergiebt, daß sie Christum ärger tödten, als die Juden, weil sie sein Wort zum Buchstaben, und ihn, den Lebendigen, zum leeren Gözenbilde machen, weil ihnen das Gott vergiebt, vergeb' ichs ihnen auch. Nur mag ich mich und mein Herz nicht da blos geben, wo es mißverstanden wird, und schweige deßwegen vor den Theologen von Profession (d. h. vor denen, die nicht frei und von Herzen, sondern aus Gewissenszwang und von Amtswegen es sind) eben so gerne, wie vor denen, die gar nichts von all dem wissen wollen, weil man ihnen von Jugend auf durch den todten Buchstaben und durch das schrökende Gebot*, zu glauben, alle Religion, die doch das erste und

---

* Glaube kann nie geboten werden, so wenig als Liebe. Er muß freiwillig und aus eigenem Triebe seyn. Christus hat freilich gesagt: wer nicht glaubet, der wird verdammt, d. h. so viel ich die Bibel verstehe, streng beurtheilt werden, und das ist natürlich, denn dem blos pflicht- und rechtmäßig guten Menschen kann nichts vergeben werden, weil er selber alles in die That sezt, aber damit ist gar nicht gesagt, daß man ihm den Glauben aufzwingen solle.

lezte Bedürfniß der Menschen ist, verlaidet hat. Liebste Mutter! wenn unter diesen Zeilen ein hartes Wort ist, so ists gewiß nicht aus Stolz und Haß geschrieben, sondern nur, weil ich keinen andern Ausdruk fand, wodurch ich mich so kurz wie möglich hätte verständlich machen können. Es mußte alles so kommen, wie es jezt überhaupt, und in der Religion besonders ist, und es war mit der Religion fast so wie jezt, da Christus in der Welt auftrat. Aber gerade wie nach dem Winter der Frühling kömmt, so kam auch immer nach dem Geistestode der Menschen neues Leben, und das Heilige bleibt immer heilig, wenn es auch die Menschen nicht achten. Und es giebt wohl manchen, der im Herzen religiöser ist, als er sagen mag und kann, und vieleicht sagt auch mancher unsrer Prediger, der nur die Worte nicht finden kann, mit seiner Rede mehr, als andere dabei vermuthen, weil die Worte, die er braucht, so gewöhnlich und so tausendfältig gemißbraucht sind. Nehmen Sie indeß mit diesen ungeheuchelten Äußerungen vorlieb, bis ich eine Stunde gewinne, wo ich mit meiner ganzen Seele schreiben kann. – Ich stimme ganz mit Ihnen darin überein, liebste Mutter! daß es gut für mich seyn wird, wenn ich künftig das anspruchloseste Amt, das es für mich geben kann, mir zu eigen zu machen suche, vorzüglich auch darum, weil nun einmal die vieleicht unglükliche Neigung zur Poësie, der ich von Jugend auf mit redlichem Bemühn durch sogenannt gründlichere Beschäfftigungen immer entgegen strebte, noch immer in mir ist und nach allen Erfahrungen, die ich an mir selber gemacht habe, in mir bleiben wird, so lange ich lebe. Ich will nicht entscheiden, ob es Einbildung oder wahrer Naturtrieb ist. Aber ich weiß jezt so viel, daß ich tiefen Unfrieden und Mißmuth unter anderm auch dadurch in mich gebracht habe, daß ich Beschäfftigungen, die meiner

Natur weniger angemessen zu seyn scheinen, z. B. die Philosophie, mit überwiegender Aufmerksamkeit und Anstrengung betrieb und das aus gutem Willen, weil ich vor dem Nahmen eines leeren Poëten mich fürchtete. Ich wußte lange nicht, warum das Studium der Philosophie, das sonst den hartnäkigen Fleiß, den es erfordert, mit Ruhe belohnt, warum es mich, je uneingeschränkter ich mich ihm hingab, nur immer um so friedensloser und selbst leidenschaftlich machte; und ich erkläre mir es jezt daraus, daß ich mich in höherm Grade, als es nöthig war, von meiner eigentümlichen Neigung entfernte, und mein Herz seufzte bei der unnatürlichen Arbeit, nach seinem lieben Geschäffte, wie die Schweizerhirten im Soldatenleben nach ihrem Thal und ihrer Heerde sich sehnen. Nennen Sie das keine Schwärmerei! Denn warum bin ich denn friedlich und gut, wie ein Kind, wenn ich ungestört mit süßer Muße diß unschuldigste aller Geschäffte treibe, das man freilich, und diß mit Recht, nur dann ehrt, wenn es meisterhaft ist, was das meine vieleicht auch aus dem Grunde noch lange nicht ist, weil ichs vom Knabenalter an niemals in eben dem Grade zu treiben wagte, wie manches andre, was ich vieleicht zu gutmüthig gewissenhaft meinen Verhältnissen und der Meinung der Menschen zu lieb trieb. Und doch erfordert jede Kunst ein ganzes Menschenleben, und der Schüler muß alles, was er lernt, in Beziehung auf sie lernen, wenn er die Anlage zu ihr entwikeln und nicht am Ende gar erstiken will.

Sie sehen, liebste Mutter! ich mache Sie recht zu meiner Vertrauten, und ich fürchte nicht, daß Sie mir diese ehrlichen Geständnisse übel auslegen werden. Es giebt so wenige, vor denen ich mich öffnen mag. Warum sollt' ich denn mein Sohnsrecht nicht benüzen, und Ihnen zu meiner Beruhigung meine Anliegen nicht sagen. Und glauben Sie nur nicht, daß ich Absichten dabei habe. Ich mag Ihnen nur gerne mit voller Wahrheit schreibcn, und da müssen Sie mich eben haben, wie ich bin. Ich wollte eigentlich sagen, daß ich auch aus dem Grunde wohl thun würde, ein recht einfaches Amt ins Künftige zu suchen, weil sich ein anderes nicht wohl mit meinen Lieblingsbeschäfftigungen reimen ließe. Es hat es mancher, der wohl stärker war, als ich, versucht, ein großer Geschäfftsmann oder Gelehrter im Amt, und dabei Dichter zu seyn. Aber immer hat er am Ende eines dem andern aufgeopfert und das war in keinem Falle gut, er mochte das Amt um seiner Kunst willen, oder seine Kunst um seines Amts willen vernachlässigen; denn wenn er sein Amt aufopferte, so handelte er unehrlich an andern, und wenn er seine Kunst aufopferte, so sündigte er gegen seine von Gott gegebene natürliche Gaabe, und das ist so gut Sünde und noch mehr, als wenn man gegen seinen Körper sündigt. Der gute Gellert, von dem Sie in Ihrem lieben Briefe sprechen, hätte sehr wohl gethan, nicht Professor in Leipzig zu werden. Wenn er es nicht an seiner Kunst gebüßt hat, so hat er es doch an seinem Körper gebüßt. Muß ich also ein Amt annehmen, wie es denn wohl nicht anders thunlich ist, so glaub' ich eine Pfarrstelle auf dem Dorfe (recht weit von der Hauptstadt und von den hohen geistlichen Herren weg) wird das Beste für mich seyn. Und warum nicht lieber in dem Lande, wo Sie sind und die Meinigen, als unter Fremden?

Übrigens ist es mir lieb, wenn es noch einige Jahre ansteht, und wenn ich hier mit dem Buche, an dem ich schreibe und mit meinem Gelde zu Ende bin, so will ich eben wieder Hofmeister werden. Der schwedische Legations-Secretär von Pommereschen, dessen Bekanntschaft ich, wie Sie wissen, in

Rastadt machte und der mich auf seiner Rükreise neulich hier besuchte, machte mir beim Abschiede das Offert, ob er mir nicht in seiner Gegend (in schwedisch Pommern, in der Gegend von Wismar) für eine Hofmeisterstelle sorgen sollte. Sein Vater, der, wenn ich nicht irre, Gouverneur in Stralsund ist, besorgt gewöhnlich für seine Bekannten derlei Stellen. Ich mochte es nicht geradezu ablehnen, um auf alle Fälle einen Ausweg zu haben, besonders da er mir für eine solche Stelle sorgen will, wo ich mit einem jungen Menschen die Universität besuche. Ein Zuwachs an Weltkenntniß (die Kenntniß des deutschen Volks ist besonders jedem, der ein deutscher Schriftsteller werden will, so nothwendig, wie dem Gärtner die Kenntniß des Bodens) ist ja die einzige Entschädigung, die mir dieses mühsame Verhältniß gewähren kann, und die Entfernung der Gegend, die auf einer Universität jedoch so sehr groß nicht seyn würde, scheint mir eher vortheilhaft als nachtheilig auf die paar Jahre, wo ich noch nicht auf das ruhige Leben unter den Meinigen rechnen kann. Übrigens bin ich noch nicht entschlossen, und es bieten sich vieleicht indeß noch günstigere Gelegenheiten von der Art an. Überhaupt geh' ich eine solche Stelle nur unter gewissen vesten Bedingungen ein, die mich so viel wie möglich vor Verdruß und Verlegenheiten sichern sollen. Und wenn ich eingesehen habe, daß ein solcher Zustand für mich noch auf einige Zeit nothwendig ist, und nicht zu vermeiden, so werd' ich wohl auch Gedult und Vorsicht dazu bringen. Als Vikarius würde ich von meinem Pfarrer dependiren, und da ich diese Lage noch gar nicht gelernt habe, würde sie mir wohl nicht leichter werden und ich müßte überdiß gröstentheils von Ihrer Unterstüzung leben, was ich doch nicht wünsche, da Sie schon so sehr viel für mich gethan haben und mein lieber Karl es besser brauchen kann.

Ich schreibe Ihnen das alles, liebste Mutter! weil ich wohl weiß, wie sehr Sie zu wissen wünschen, woran Sie mit mir sind, und Sie werden sich es nicht zu sehr zu Herzen nehmen, wenn Sie finden sollten, daß mir das Leben nicht leicht wird, da Sie selbst am besten wissen, daß mit der Jugend das, was man Glük heißt, überall so ziemlich weggeht. Ich wenigstens mache jezt nicht gerne größere Ansprüche auf die Welt, als, daß es mir nicht zu schwer werde, meinem Herzen und meinem Sinne getreu zu bleiben in den Umständen, die mich noch im Leben betreffen können. Sie und die lieben Meinigen möcht' ich in jedem Falle noch gerne wiedersehen, ehe ich meinen hiesigen Aufenthalt verändere, von dem ich mich freilich mit vieler Mühe trennen werde.

Ihre lieben Geschenke haben mich so sehr gefreut, daß ich nichts beßres wußte, als in der Freude zu meinen braven Hausleuten zu laufen und ihnen zu verkündigen, ich hätte auch ein Weihnachtsgeschenk bekommen. Ich danke Ihnen und der lieben Grosmamma recht herzlich dafür. Es ist mir nur laid, daß meine Ökonomie es mir nimmer so leicht macht, wie in Frankfurt, Ihnen auch auf diese Art meine Aufmerksamkeit zu bezeugen. Auch bei meiner theuren Schwester entschuldigen Sie mich, daß ich es für jezt eben so beim guten Willen bewenden lasse. Sie kennt auch meine Anhänglichkeit an sie, und an ihr ganzes Haus zu sehr, als daß es irgend eines Zeichens bedürfte, um ihr diese zu beweisen. Der Brief, den Sie mir von ihr geschikt haben, war mir ein Geschenk mehr. Ich sollt' ihr freilich auch längst geschrieben haben, aber da ich nach Rastadt reiste, hoft' ich sie vieleicht selber zu sehen, und indessen hatt' ich so viel zu thun, um das, was ich während der Reise versäumte, hereinzubringen, daß ich mich nächstens auf ein paar Tage hinsezen muß, um die Briefe alle zu beantworten, die ich indessen schuldig geblieben bin, und da soll sie unter den ersten seyn.

Leben Sie nun wohl, liebste Mutter! bitten Sie die liebe Frau Grosmamma, das Blatt als einen kleinen Theil von den frohen und ernsten Empfindungen zu nehmen, mit denen ich im Herzen den ehrwürdigen Geburtstag gefeiert habe. Meine herzlichen Empfehlungen an alle die Unsrigen.

Ihr

treuer Sohn

Friz.

AN SUSETTE GONTARD

[Homburg, Ende Juni 1799]

Täglich muß ich die verschwundene Gottheit wieder rufen. Wenn ich an große Männer denke, in großen Zeiten, wie sie, ein heilig Feuer, um sich griffen, und alles Todte, Hölzerne, das Stroh der Welt in Flamme verwandelten, die mit ihnen aufflog zum Himmel, und dann an mich, wie ich oft, ein glimmend Lampchen umhergehe, und betteln möchte um einen Tropfen Öl, um eine Weile noch die Nacht hindurch zu scheinen – siehe! da geht ein wunderbarer Schauer mir durch alle Glieder, und leise ruf' ich mir das Schrekenswort zu: lebendig Todter!

Weist Du, woran es liegt, die Menschen fürchten sich voreinander, daß der Genius des einen den andern verzehre, und darum gönnen sie sich wohl Speise und Trank, aber nichts, was die Seele nährt, und können es nicht leiden, wenn etwas, was sie sagen und thun, im andern einmal geistig aufgefaßt, in Flamme verwandelt wird. Die Thörigen! Wie wenn irgend etwas, was die Menschen einander sagen könnten, mehr wäre, als Brennholz, das erst, wenn es vom geistigen Feuer ergriffen wird, wieder zu Feuer wird, so wie es aus Leben und Feuer hervorgieng. Und gönnen sie die Nahrung nur gegenseitig einander, so leben und leuchten ja beide, und keiner verzehrt den andern.

Erinnerst Du Dich unserer ungestörten Stunden, wo wir und wir nur um einander waren? Das war Triumph! beede so frei und stolz und wach und blühend und glänzend an Seel und Herz und Auge und Angesicht, und beede so in himmlischem Frieden neben einander! Ich hab' es damals schon geahndet und gesagt: man könnte wohl die Welt durchwandern und fände es schwerlich wieder so. Und täglich fühl' ich das ernster.

Gestern Nachmittag kam Morbek zu mir aufs Zimmer. »Die Franzosen sind schon wieder in Italien geschlagen«, sagt' er. »Wenns nur gut mit uns steht, sagt' ich ihm, so steht es schon gut in der Welt«, und er fiel mir um den Hals und wir küßten uns die tiefbewegte freudige Seele auf die Lippen und unsre weinenden Augen begegneten sich. Dann gieng er. Solche Augenblike hab' ich doch noch. Aber kann das eine Welt ersezen? Und das ists, was meine Treue ewig macht. In dem und jenem sind viele vortreflich. Aber eine Natur, wie Deine, wo so alles in innigem unzerstörbarem lebendigem Bunde vereint ist, diese ist die Perle der Zeit, und wer sie erkannt hat, und wie ihr himmlisch angeboren eigen Glük dann auch ihr tiefes Unglük ist, der ist auch ewig glüklich und ewig unglüklich.

[Homburg, zweite Hälfte September 1799]

Theuerste!

Nur die Ungewißheit meiner Lage war die Ursache, warum ich bisher nicht schrieb. Das Project mit dem Journale, wovon ich Dir schon, nicht ohne Grund, mit so viel Zuverlässigkeit schrieb, scheint mir scheitern zu wollen. Ich hatte für meine Wirksamkeit und mein Auskommen und meinen dasigen Aufenthalt in Deiner Nähe mit so viel Hofnung darauf gerechnet; jezt hab' ich noch manche schlimme Erfahrung machen müssen zu den vergebenen Bemühungen und Hofnungen. Ich hatte einen sichern anspruchlosen Plan entworfen; mein Verleger wollte es glänzender haben; ich sollte eine Menge berühmter Schriftsteller, die er für meine Freunde hielt, zu Mitarbeitern engagiren, und wenn mir gleich nichts Gutes bei diesem Versuche ahndete, so ließ ich Thor mich doch bereden, um nicht eigensinnig zu scheinen, und das liebe allgefällige Herz hat mich in einen Verdruß gebracht, den ich Dir laider! schreiben muß, weil wahrscheinlich meine zukünftige Lage, also gewissermaßen das Leben, das ich für Dich lebe, davon abhängt. Nicht nur Männer, deren Verehrer mehr als Freund ich mich nennen konnte, auch Freunde, Theure! auch solche, die nicht ohne wahrhaften Undank mir eine Theilnahme versagen konnten – ließen mich bis jezt – ohne Antwort, und ich lebe nun volle 8 Wochen in diesem Harren und Hoffen, wovon gewissermaßen meine Existenz abhängt. Was die Ursache dieser Begegnung seyn mag, mag

Gott wissen. Schämen sich denn die Menschen meiner so ganz?

Daß diß nicht wohl der Fall vernünftiger weise seyn kann, zeugt mir doch Dein Urtheil, Edle, und das Urtheil einiger weniger, die mir auch wahrhaft treu in meiner Angelegenheit sich zugesellten, z. B. Jung in Mainz, dessen Brief ich Dir beilege. Die Berühmten nur, deren Theilnahme mir armen Unberühmten zum Schilde dienen sollte, diese ließen mich stehn, und warum sollten sie nicht? Jeder, der in der Welt sich einen Nahmen macht, scheint ja dem ihrigen einen Abbruch zu thun; sie sind dann schon nicht mehr so einzig und allein die Gözen; kurz, es scheint mir bei ihnen, die ich mir ungefähr als meines gleichen denken darf, ein wenig Handwerksneid mitunter zu walten. Aber diese Einsicht hilft mich nichts; ich habe fast 2 Monathe unter Zubereitungen zu dem Journale verloren, und kann nun, um mich nicht von meinem Verleger länger herumziehen zu lassen, wohl nichts besseres thun, als ihm zu schreiben, ob er nicht lieber die Producte, die ich für das Journal bestimmt hatte, geradezu annehmen wolle, was dann freilich in jedem Falle meine Existenz mir nicht hinlänglich sichern würde.

Und so hab' ich denn im Sinne, alle Zeit, die mir noch bleibt, auf mein Trauerspiel zu wenden, was ungefähr noch ein Vierteljahr dauern kann und dann muß ich nach Hauße oder an einen Ort, wo ich mich durch Privatvorlesungen, was hier nicht thunlich ist, oder andere Nebengeschäffte erhalten kann.

Verzeih, Theuerste! diese gerade Sprache! Es wäre mir nur schwerer geworden, dann Dir das Nöthige zu sagen, wenn ich das, was mein Herz gegen Dich, Liebe, äußert, hätte laut werden lassen, und es ist auch fast nicht möglich, in einem Schiksaal, wie das meinige ist, den nöthigen Muth zu behalten, ohne die zarten Töne des innersten Lebens für Augenblike darüber zu verlieren. Eben deßwegen schrieb ich bisher

AN SUSETTE GONTARD

[Homburg, Oktober / November 1799]

Hier unsern Hyperion, Liebe! Ein wenig Freude wird diese Frucht unserer seelenvollen Tage Dir doch geben. Verzeih mirs, daß Diotima stirbt. Du erinnerst Dich, wir haben uns ehmals nicht ganz darüber vereinigen können. Ich glaubte, es wäre, der ganzen Anlage nach, nothwendig. Liebste! alles, was von ihr und uns, vom Leben unseres Lebens hie und da gesagt ist, nimm es wie einen Dank, der öfters um so wahrer ist, je ungeschikter er sich ausdrükt. Hätte ich mich zu Deinen Füßen nach und nach zum Künstler bilden können, in Ruhe und Freiheit, ja ich glaube, ich wär' es schnell geworden, wonach in allem Laide mein Herz sich in Träumen und am hellen Tage, und oft mit schweigender Verzweiflung sehnt.

Es ist wohl der Thränen alle werth, die wir seit Jahren geweint, daß wir die Freude nicht haben sollten, die wir uns geben können, aber es ist himmelschreiend, wenn wir denken müssen, daß wir beide mit unsern besten Kräften vieleicht vergehen müssen, weil wir uns fehlen. Und sieh! das macht mich eben so stille manchmal, weil ich mich hüten muß vor solchen Gedanken. Deine Krankheit, Dein Brief – es trat mir wieder, so sehr ich sonst verblinden möchte, so klar vor die Augen, daß Du immer, immer leidest, – und ich Knabe kann nur weinen drüber! – Was ist besser, sage mirs, daß wirs verschweigen, was in unserm Herzen ist, oder daß wir uns es sagen! – Immer hab' ich die Memme gespielt, um Dich zu schonen, – habe immer gethan, als könnt' ich mich in alles schiken, als wär ich so recht zum Spielball der Menschen und der Umstände gemacht und hätte kein vestes Herz in mir, das treu und frei in seinem Rechte für sein Bestes schlüge, theuerstes Leben! habe oft meine liebste Liebe, selbst die Gedanken an Dich mir manchmal versagt und verläugnet, nur um so sanft, wie möglich, um Deinetwillen diß Schiksaal durchzuleben, – Du auch, Du hast immer gerungen, Friedliche! um Ruhe zu haben, hast mit Heldenkraft geduldet, und verschwiegen, was nicht zu ändern ist, hast Deines Herzens ewige Wahl in Dir verborgen und begraben, und darum dämmerts oft vor uns, und wir wissen nicht mehr, was wir sind und haben, kennen uns kaum noch selbst; dieser ewige Kampf und Widerspruch im Innern, der muß Dich freilich langsam tödten, und wenn kein Gott ihn da besänftigen kann, so hab' ich keine Wahl, als zu verkümmern über Dir und mir, oder nichts mehr zu achten als Dich und einen Weg mit Dir zu suchen, der den Kampf uns endet.

Ich habe schon gedacht, als könnten wir auch von Verläugnung leben, als machte vieleicht auch diß uns stark, daß wir entschieden der Hofnung das Lebewohl sagten,

AN CHRISTIAN LANDAUER

[Hauptwil, zweite Hälfte Februar 1801]

Mein Theurer!

Ich wollte Dir erst schreiben, wenn ich mich hier gesammelt und erst ein wenig umgesehen hätte, und ich darf wohl sagen, daß ich in der gegenwärtigen Lage zu bestehen hoffe.

Der Umgang mit Dir und den übrigen Freunden hat mir einen reellen Gewinn gegeben, den ich immer entbehrte, und den ich zu gebrauchen suchen werde. Ich habe bei euch erst eine rechte Ruhe gelernt, mit der man sich auf den Grund der Seele bei Menschen verläßt, nachdem man sie an ächten Zeichen kennen gelernt hat. So hält man dan auch vester und treuer am Leben und unter denen, die einen angehn.

Diß kann ich bei den Menschen unter denen ich jezt lebe, recht gut anwenden. Sie sind, nach meinem kältesten Urtheil, gerade das, was ich erwarten mochte, solche gründliche Menschen, die gerade so viel Antheil nehmen an Fremdem, als es ihr Herz nicht schwächt und als die Theilnahme und Geselligkeit noch ungezwungen und wahr bleibt.

Eben darum seid ihr ja mir unvergeßlich, und ich werde, in den besten Stunden, die ich hier in Gesellschaft lebe, an euch gemahnt.

Ich möchte jeden gerne mit eigenem Gruße grüßen, und jedem sagen, wie wahrhaft ein schönes Echo aus unserem Zusammenseyn in Stutgard mich begleitet, besonders während der Reise mein Morgen- und Abendlied gewesen ist.

Vor den Alpen, die in der Entfernung von einigen Stunden hieherum sind, stehe ich immer noch betroffen, ich habe wirklich einen solchen Eindruk nie erfahren, sie sind, wie eine wunderbare Sage aus der Heldenjugend unserer Mutter Erde, und mahnen an das alte bildende Chaos, indeß sie niedersehn in ihrer Ruhe, und über ihrem Schnee in hellerem Blau die Sonne und die Sterne bei Tag und Nacht erglänzen.

Dann kannst Du wohl auch denken, wie mir jezt, im Frühlingsanfang alle Elemente wohlthun und wie ich die Augen waide, an den Hügeln und Bächen u. Seen herum, da diß seit drei Jahren der erste Frühling ist, den ich mit freier Seele und frischen Sinnen genieße.

Theurer Freund! ich habe mich lange mit Täuschungen getragen, die anderen und mir zur Last, und vor dem Herrn des Lebens und vor meinem Schuzgeist eine Schande gewesen sind. Ich meinte immer, um im Frieden mit der Welt zu leben, um die Menschen zu lieben und die heilige Natur mit wahren Augen anzusehen, müsse ich mich beugen, und, um anderen etwas zu seyn, die eigene Freiheit verlieren. Ich fühl es endlich, nur in ganzer Kraft ist ganze Liebe; es hat mich überrascht, in Augenbliken, wo ich völlig rein und frei mich wieder umsah. Je sicherer der Mensch in sich und je gesammelter in seinem besten Leben er ist, und je leichter er sich aus untergeordneten Stimmungen in die Eigentliche wieder zurükschwingt, um so heller und umfassender muß auch sein Auge seyn, und Herz haben wird er für alles, was ihm leicht und schwer und groß und lieb ist in der Welt.

Ich hätte natürlich vom Frieden zuerst angefangen, wenn nicht die ersten Seiten des Briefs, ich glaube, schon vor 14 Tagen geschrieben wären. Was mich vorzüglich bei demselben freut, ist, daß mit ihm die politischen Verhältnisse und Misverhältnisse überhaupt die überwichtige Rolle ausgespielt und einen guten Anfang gemacht haben, zu der Einfalt welche ihnen eigen ist; am Ende ist es doch wahr, je weniger der Mensch vom Staat erfährt und weiß, die Form sei, wie sie will, um desto freier ist er.

Es ist überall ein nothwendig Übel, Zwangsgeseze und Executoren derselben haben zu müssen. Ich denke, mit Krieg und Revolution hört auch jener moralische Boreas, der Geist des Neides auf, und eine schönere Geselligkeit, als nur die ehernbürgerliche mag reifen!

Verzeih, mein Theurer! wenn ich Dir mit meinen redseeligen Gedanken Langeweile mache. Ich darf ja wohl Dir gegenüber sprechen, als spräch ich mit mir selbst.

Bei den Damen must Du mich in gutem Angedenken erhalten, wenn Du grosmüthig seyn willst. Ihr werdet mich auslachen, aber ich muß doch noch besonders danken für die goldnen Stunden der Musik! Die freundlichen Töne ruhen in mir, und sie werden manchesmal erwachen wenn es friedlich im Innern und um mich still ist.

Grüß also alle Freunde! Ich glaube, sie wissen und fühlen es, ob ich getreu bin. Mit einem um den andern halte ich Gespräche; nein! es verläßt mich von keinem, was mir theuer war, das Bild. Leb wohl!

Dein

H.

Nürtingen bei Stutgard.
d. 4 Dec. 1801.

Mein theurer Böhlendorf!

Deine gütigen Worte, und Deine Gegenwart in ihnen haben mich sehr gefreut.

Dein Fernando hat mir die Brust um ein gutes erleichtert. Der Fortschritt meiner Freunde ist mir so ein gutes Zeichen. Wir haben ein Schiksaal. Gehet es mit dem einen vorwärts, so wird auch der andere nicht liegen bleiben.

Mein Lieber! Du hast an Präzision und tüchtiger Gelenksamkeit so sehr gewonnen und nichts an Wärme verloren, im Gegentheil, wie eine gute Klinge, hat sich die Elastizität Deines Geistes in der beugenden Schule nur um so kräftiger erwiesen. Diß ists wozu ich Dir vorzüglich Glük wünsche. Wir lernen nichts schwerer als das Nationelle frei gebrauchen. Und wie ich glaube, ist gerade die Klarheit der Darstellung uns ursprünglich so natürlich wie den Griechen das Feuer vom Himmel. Eben deßwegen werden diese eher in schöner Leidenschaft, die Du Dir auch erhalten hast, als in jener homerischen Geistesgegenwart und Darstellungsgaabe zu ü b e r- t r e f f e n seyn.

Es klingt paradox. Aber ich behaupt' es noch einmal, und stelle es Deiner Prüfung und Deinem Gebrauche frei; das eigentliche nationelle wird im Fortschritt der Bildung immer der geringere Vorzug werden. Deßwegen sind die Griechen des heiligen Pathos weniger Meister, weil es ihnen angeboren war, hingegen sind sie vorzüglich in Darstellungsgaabe, von Homer an, weil dieser außerordentliche Mensch seelenvoll genug war, um die abendländische Junonische Nüchternheit für sein Apollonsreich zu erbeuten, und so wahrhaft das fremde sich anzueignen.

Bei uns ists umgekehrt. Deßwegen ists auch so gefährlich sich die Kunstregeln einzig und allein von griechischer Vortreflichkeit zu abstrahiren. Ich habe lange daran laborirt und weiß nun daß außer dem, was bei den Griechen und uns das höchste seyn muß, nemlich dem lebendigen Verhältniß und Geschik, wir nicht wohl etwas gleich mit ihnen haben dürfen.

Aber das eigene muß so gut gelernt seyn, wie das Fremde. Deßwegen sind uns die Griechen unentbehrlich. Nur werden wir ihnen gerade in unserm Eigenen, Nationellen nicht nachkommen, weil, wie gesagt, der freie Gebrauch des Eigenen das schwerste ist.

Das hat Dein guter Genius Dir eingegeben, wie mir dünkt, daß Du das Drama epischer behandelt hast. Es ist, im Ganzen, eine ächte moderne Tragödie. Denn das ist das tragische bei uns, daß wir ganz stille in irgend einem Behälter eingepakt vom Reiche der Lebendigen hinweggehn, nicht daß wir in Flammen verzehrt die Flamme büßen, die wir nicht zu bändigen vermochten.

Und wahrlich! das erste bewegt so gut die innerste Seele, wie das lezte. Es ist kein so imposantes, aber ein tieferes Schiksaal und eine edle Seele geleitet auch einen solchen Sterbenden unter Furcht und Mitleiden, und hält den Geist im Grimm empor. Der herrliche Jupiter ist denn doch der lezte Gedanke beim Untergange eines Sterblichen, er sterbe nach unserem oder nach antiquem Schiksaal, wenn der Dichter dieses Sterben dargestellt hat, wie er sollte, und wie Du es sichtbar gewollt, und im Ganzen und besonders in einigen meisterhaften Zügen geleistet hast.

»Ein enger Weg führt in ein dunkles Thal,
»Dahin hat ihn Verrätherey gezwungen.

und sonst. – Du bist auf gutem Wege, behalt ihn. Ich will aber Deinen Fernando erst recht studiren und zu Herzen nehmen, und dann vieleicht Dir etwas interessanteres davon sagen. In keinem Falle genug!

Von mir selber und wie es mir gegangen ist bisher, wie weit ich Dein und meiner Freunde werth geblieben und geworden bin, auch was ich treibe und bringen werde, so wenig es ist, davon will ich mit nächstem Dir aus der Nachbarschaft Deines Spaniens, nämlich aus Bordeaux schreiben, wohin ich als Hauslehrer und Privatprediger in einem deutsch evangelischen Hauße nächste Woche abreise. Ich werde den Kopf ziemlich beisammen halten müssen, in Frankreich, in Paris; auf den Anblik des Meeres, auf die Sonne der Provence freue ich mich auch.

O Freund! die Welt liegt heller vor mir, als sonst, und ernster. Ja! es gefällt mir, wie es zugeht, gefällt mir, wie wenn im Sommer »der alte heilige Vater mit gelassener Hand aus röthlichen Wolken seegnende Blize schüttelt«. Denn unter allem, was ich schauen kann von Gott, ist dieses Zeichen mir das auserkorene geworden. Sonst konnt' ich jauchzen über eine neue Wahrheit, eine bessere Ansicht deß, das über uns und um uns ist, jezt fürcht' ich, daß es mir nicht geh' am Ende, wie dem alten Tantalus, dem mehr von Göttern ward, als er verdauen konnte.

Aber ich thue, was ich kann, so gut ichs kann, und denke, wenn ich sehe, wie ich auf meinem Wege auch dahin muß wie die andern, daß es gottlos ist und rasend, einen Weg zu suchen, der vor allem Anfall sicher wäre, und daß für den Tod kein Kraut gewachsen ist.

Und nun leb wohl, mein Theurer! bis auf weiteres. Ich bin jezt voll Abschieds. Ich habe lange nicht geweint. Aber es hat mich bittre Thränen gekostet, da ich mich entschloß, mein Vaterland noch jezt zu verlassen, vieleicht auf immer. Denn was hab' ich lieberes auf der Welt? Aber sie können mich nicht brauchen. Deutsch will und muß ich übrigens bleiben, und wenn mich die Herzens- und die Nahrungsnoth nach Otaheiti triebe.

Grüße unsern Morbek. Wie lebt er? Er erhält sich gewiß. Er bleibt uns. Verzeiht mir den Undank. Ich hatte euch erkannt, ich sah euch, aber doch durch eine gelbe Brille. Ich hätte euch so vieles zu sagen, ihr Guten! Ihr wohl mir auch. Wo wirst Du künftig bleiben, mein Böhlendorf? Doch das sind Sorgen. Wenn Du an mich schreibst, so adressire den Brief an Kaufmann Landauer in Stutgard. Er schikt mir ihn sicher zu. Schreibe mir auch Deine Adresse.

Dein

H.

AN DIE MUTTER

Bordeaux. d. 28 Jenn. 1802.

Endlich, meine theure Mutter, bin ich hier, bin wohl aufgenommen, bin gesund und will den Dank ja nicht vergessen, den ich dem Herrn des Lebens und des Todes schuldig bin. – Ich kann für jezt nur wenig schreiben; diesen Morgen bin ich angekommen, und meine Aufmerksamkeit ist noch zu sehr auf meine neue Lage gerichtet, um mit Ruhe Ihnen einiges Interessante von der überstandenen Reise zu sagen. Überdiß hab' ich so viel erfahren, daß ich kaum noch reden kann davon.

Diese lezten Tage bin ich schon in Einem schönen Frühlinge gewandert, aber kurz zuvor, auf den gefürchteten überschneiten Höhen der Auvergne, in Sturm und Wildniß, in eiskalter Nacht und die geladene Pistole neben mir im rauhen Bette – da hab' ich auch ein Gebet gebetet, das bis jezt das beste war in meinem Leben und das ich nie vergessen werde.

Ich bin erhalten – danken Sie mit mir!

Ihr Lieben! ich grüßt' Euch wie ein Neugeborner, da ich aus den Lebensgefahren heraus war – ich warf mirs gleich vor, daß ich im lezten Briefe von Lyon aus unsere theure Grosmutter nicht besonders nannte, ich sprach mit Ihnen, liebe Muttter, sahe meiner Schwester Bild, und schrieb in meinen freudigen Gedanken einen Brief an meinen Karl in hohem Tone.

Ich bin nun durch und durch gehärtet und geweiht, wie Ihr es wollt. Ich denke, ich will so bleiben, in der Hauptsache. Nichts fürchten und sich viel gefallen lassen. Wie wird mir der sichere erquikende Schlaf wohl thun! Fast wohn' ich zu herrlich. Ich wäre froh an sicherer Einfalt. Mein Geschäfft soll, wie ich hoffe, gut gehn. Ich will mich ganz dem wiedmen, besonders von Anfang. Lebet wohl! Von Herzen und mit Treue

der Eure

H.

N. S. Der Brief hat sich um einige Tage verspätet. Der Anfang meiner Bekanntschaft, meiner Bestimmung ist gemacht. Er könnte nicht besser seyn. »Sie werden glüklich seyn«, sagte beim Empfange mein Konsul. Ich glaube, er hat Recht.

AN CASIMIR ULRICH BÖHLENDORFF

[Nürtingen, November 1802]

Mein Theurer!

Ich habe Dir lange nicht geschrieben, bin indeß in Frankreich gewesen und habe die traurige einsame Erde gesehn; die Hirten des südlichen Frankreichs und einzelne Schönheiten, Männer und Frauen, die in der Angst des patriotischen Zweifels und des Hungers erwachsen sind.

Das gewaltige Element, das Feuer des Himmels und die Stille der Menschen, ihr Leben in der Natur, und ihre Eingeschränktheit und Zufriedenheit, hat mich beständig ergriffen, und wie man Helden nachspricht, kann ich wohl sagen, daß mich Apollo geschlagen.

In den Gegenden, die an die Vendée gränzen, hat mich das wilde kriegerische interessirt, das rein männliche, dem das Lebenslicht unmittelbar wird in den Augen und Gliedern und das im Todesgefühle sich wie in einer Virtuosität fühlt, und seinen Durst, zu wissen, erfüllt.

Das Athletische der südlichen Menschen, in den Ruinen des antiquen Geistes, machte mich mit dem eigentlichen Wesen der Griechen bekannter; ich lernte ihre Natur und ihre Weisheit kennen, ihren Körper, die Art, wie sie in ihrem

Klima wuchsen, und die Regel, womit sie den übermüthigen Genius vor des Elements Gewalt behüteten.

Diß bestimmte ihre Popularität, ihre Art, fremde Naturen anzunehmen und sich ihnen mitzutheilen, darum haben sie ihr Eigentümlichindividuelles, das lebendig erscheint, so fern der höchste Verstand im griechischen Sinne Reflexionskraft ist, und diß wird uns begreiflich, wenn wir den heroischen Körper der Griechen begreifen; sie ist Zärtlichkeit, wie unsere Popularität.

Der Anblik der Antiquen hat mir einen Eindruk gegeben, der mir nicht allein die Griechen verständlicher macht, sondern überhaupt das Höchste der Kunst, die auch in der höchsten Bewegung und Phänomenalisirung der Begriffe und alles Ernstlichgemeinten dennoch alles stehend und für sich selbst erhält, so daß die Sicherheit in diesem Sinne die höchste Art des Zeichens ist.

Es war mir nöthig, nach manchen Erschütterungen und Rührungen der Seele mich vestzusezen, auf einige Zeit, und ich lebe indessen in meiner Vaterstadt.

Die heimathliche Natur ergreift mich auch um so mächtiger, je mehr ich sie studire. Das Gewitter, nicht blos in seiner höchsten Erscheinung, sondern in eben dieser Ansicht, als Macht und als Gestalt, in den übrigen Formen des Himmels, das Licht in seinem Wirken, nationell und als Prinzip und Schiksaalsweise bildend, daß uns etwas heilig ist, sein Drang im Kommen und Gehen, das Karakteristische der Wälder und das Zusammentreffen in einer Gegend von verschiedenen Karakteren der Natur, daß alle heiligen Orte der Erde zusammen sind um einen Ort und das philosophische Licht um mein Fenster ist jezt meine Freude; daß ich behalten möge, wie ich gekommen bin, bis hieher!

Mein Lieber! ich denke, daß wir die Dichter bis auf unsere Zeit nicht commentiren werden, sondern daß die Sangart überhaupt wird einen andern Karakter nehmen, und daß wir darum nicht aufkommen, weil wir, seit den Griechen, wieder anfangen, vaterländisch und natürlich, eigentlich originell zu singen.

Schreibe doch nur mir bald. Ich brauche Deine reinen Töne. Die Psyche unter Freunden, das Entstehen des Gedankens im Gespräch und Brief ist Künstlern nöthig. Sonst haben wir keinen für uns selbst; sondern er gehöret dem heiligen Bilde, das wir bilden. Lebe recht wohl.

Dein

H.

AN FRIEDRICH WILMANS

Nürtingen bei Stutgard. d. 28 Sept. 1803.

Wohlgebohrner
Insonders hochgeehrtester Herr!

Ich danke Ihnen recht sehr, daß Sie an der Übersezung der Sophokleischen Tragödien den gütigen Antheil genommen haben.

Da ich noch von meinem Freunde Schelling, der sie an das Weimarische Theater besorgen wollte, keine Nachricht habe, so geh ich lieber den sicheren Weg, und mache von Ihrem gütigen Anerbieten Gebrauch.

Ich bin es zufrieden, daß der erste Band erst in der Jubilatemesse erscheint, um so mehr, da ich hinlänglichen Stoff habe, eine Einleitung zu den Tragödien vorauszuschiken, die ich wohl diesen Herbst noch ausführen können werde.

Ich hoffe, die griechische Kunst, die uns fremd ist, durch Nationalkonvenienz und Fehler, mit denen sie sich immer herum beholfen hat, dadurch lebendiger, als gewöhnlich dem Publikum darzustellen, daß ich das Orientalische, das sie verläugnet hat, mehr heraushebe, und ihren Kunstfehler, wo er vorkommt, verbessere.

Ich werde Ihnen immer danken, daß Sie mit Ihrer gütigen Zuschrift so mich getroffen haben, weil Sie zur Äußerung mir eine Freiheit machen, jezt, da ich mehr aus dem Sinne der Natur und mehr des Vaterlandes schreiben kann als sonst.

Ich bin mit wahrhaftiger Hochachtung
Euer Wohlgebohren
gehorsamster Diener
Friedrich Hölderlin.

AN DIE MUTTER

[Tübingen, 1812–1828]

Verehrungswürdige Mutter!

Ich habe die Ehre, Ihnen zu bezeugen, daß ich über den von Ihnen empfangenen Brief recht erfreut seyn mußte. Ihre vortreflichen Äußerungen sind mir sehr wohlthätig, und die Dankbarkeit, die ich Ihnen schuldig bin, kommt hinzu zu der Bewunderung Ihrer vortrefflichen Gesinnungen. Ihr gütiges Gemüth und Ihre so nüzlichen Ermahnungen sind niemals ohne Äußerung, die mich erfreuet, wie sie mir nüzlich ist. Das

Kleidungsstük das Sie hinzugesezet, ist mir auch sehr gut. Ich muß mich beeilen. Ich wäre so frei, mehreres hinzuzusezen, wie nemlich solche Aufforderungen zu ordentlicher Aufführung meinerseits, wie ich hoffe, wirksam seyn und Ihnen angenehm seyn sollen. Ich habe die Ehre, mich zu nennen

Ihren

ergebensten Sohn

Hölderlin.

Verehrungswürdigste Mutter!

Ich schike mich schon wieder an, Ihnen einen Brief zu schreiben. Was ich Ihnen gewöhnlich geschrieben habe, ist Ihnen erinnerlich, und ich habe Ihnen fast wiederhohlte Äußerungen geschrieben. Ich wünsche, daß Sie sich immer recht wohl befinden mögen. Ich empfehle mich gehorsamst und nenne mich

Ihren

gehorsamen Sohn

Hölderlin.

Verehrungswürdigste Mutter!

Ich habe die Ehre, Ihnen schon wieder einen Brief zu schreiben. Die mannigfaltigen Gütigkeiten, die Sie mir im Leben erwiesen haben, veranlassen mich zum Danke, und jede Art der Höflichkeit, die ich Ihnen erweisen kann, kann einigermaßen als ein Bezeugniß desselbigen dienen. Leben Sie wohl,

es war mir eine Ehre, Ihnen schon wieder schreiben zu kön-
nen. Ich nenne mich

Ihren

gehorsamsten Sohn
Hölderlin.

Theuerster Bruder!

Ich halte es für meine brüderliche Pflicht, Dir ein Exemplar
Deiner im Verlage *Cotta's* kürzlich herausgekommenen vor-
trefflichen Gedichte zu übersenden. Schon hoffte ich von ei-
nem Tage zum andern, Dir solche selbst übergeben zu kön-
nen, aber leider hielten mich einige dringende Berufs
Geschäfte biß jezt ab, und ich bedaure, daß dadurch die Mit-
theilung etwas verzögert worden ist. Innig soll es mich freuen,
wenn es Dir angenehm ist, daß diese Sammlung in Deinem
Nahmen durch die Mitwirkung Deiner Verehrer u. Freunde,
mit sorgsamer Auswahl endlich zu Stande gekommen ist.

Ein achtungswerther preußischer Officier Herr *v. Diest* in
Berlin, dessen Vater in Frankfurt lebte, und wahrscheinlich
ein Freund von Dir war, gab die erste Veranlassung dazu, auch
glaubte ich es Dir, mein lieber Bruder schuldig zu seyn, die
Dichter *Kerner Schwab* und *Uhland* um ihre Unterstüzung bei
der Herausgabe zu bitten, die sich wirklich des schönen Werks
mit Liebe annahmen.

So sind nun die Früchte Deiner trefflichen Dichtung der
Welt erhalten, und Dein Angedenken wird in diesen von je-

dem tief fühlenden gebildeten Menschen stets verehrt werden.

Was ich dazu beitragen konnte, ist wenig, und kaum des Dankes werth, den ich Dir für die brüderliche Liebe, die Du mir in früheren Tagen erzeigtest, schuldig bin.

Das Honorar, das *Cotta* für die Gedichte u. die 2.ᵗ Auflage Deines Hyperions bezalt, ist als Dein Eigenthum der l. Mutter in *Nürtingen* zugestellt worden, welche solches ganz nach *Deiner* Disposition verwenden wird.

Schon einigemal habe ich Dich, lieber Bruder, bei Deinem lieben Hausherrn, Herrn Zimmer besucht, Du wirst Dich aber vielleicht dessen nicht mehr genau erinnern.

Ich hoffe Dich diesen Sommer noch, so wie meine vielen DienstVerhältnisse es erlauben, zu besuchen. Vielleicht ist es möglich, daß auch meine l. Gattin, und meine beiden Kinder *Carl* u. *Ida*, die schon lange ihren l. *Oncle* zu sehen wünschen, mich begleiten können.

Indessen bitte ich Dich die Versicherung meiner unveränderlichen Liebe u. Achtung zu genehmigen, mit der ich stets bin

Dein

treuer Bruder

Stuttgart d. 25. Julii 1826.   *Carl.*

[STAMMBUCHEINTRAG, 1840]

FÜR EINEN UNBEKANNTEN

[Tübingen, 1840]

Von der Realität des Lebens.

Wenn die Menschen das bemerken, daß Kentnisse im Leben
sind, die den Menschen interessiren, so kann man davon
sprechen, daß ein Zwek im Leben, und daß die Nüzlichkeit
im Leben nicht ohne Interesse wäre. Die höchsten Behaup-
tungen des Menschen sind nicht ohne solche Allgemeinheit.
Das Innere des Menschen ist von mehreren Bestimmungen;
diese Art von Behauptenheiten ist davon nicht ausgeschlos-
sen. Die Menschen sind in solchen Rüksichten höhere Men-
schen, die in der menschlichen Gesellschafft existiren.

Dero

d. 25 Januar   unterthänigster
  1729.   Buarotti.

Nachwort

Von Navid Kermani

Wir sind es gewohnt, in Dichtungen uns wiederfinden zu wollen, Auskunft in ihnen zu suchen über unsere eigene Zeit, die eigenen Fragen, den eigenen Schmerz. Selbst an einem Odysseus, einer Medea, so fern in jeder Hinsicht ihre Schicksale und Vorstellungswelten auch sind, fallen uns Züge auf, mit denen wir uns oder andere identifizieren. Das Theater lebt davon, daß es die Klassiker in die Gegenwart überträgt, und plötzlich reden selbst Hamlet oder Richard III. glaubhaft wie Zeitgenossen daher. Der Film führt die ewigen Dramen der Menschheit immer wieder verblüffend neu an heutigen, durchaus gewöhnlichen Orten auf, dann stehen in Ebbing, Missouri, drei Werbetafeln für Schuld und Sühne oder entscheidet an den Rändern von Teheran der Geschmack der Kirsche über Sein oder Nichtsein. In Museen staunen wir, wie nah an unserer eigenen Wirklichkeit die Szenen Caravaggios oder Rembrandts sind im Vergleich mit der modernen Kunst, die sich dem unmittelbaren Verständnis oft entzieht. Erweist sich die ganze Wahrhaftigkeit einer dichterischen Aussage erst posthum, nennen wir den Dichter gern prophetisch: Nietzsche, Kafka, Beckett, die Beispiele sind Legion. In diesem Sinne ist Hölderlin das Gegenteil eines Propheten. Sein Werk weist nicht in die Zukunft, es blitzt der modernen Zivilisation, just auf dem Gipfel der Aufklärung, etwas Anfängliches, unwiderruflich Zerstörtes darin auf – der Mensch, der sich als Teil der Schöpfung, aber damit auch heillos höheren Mächten ausgesetzt sieht: stolz als ein Ebenbild Gottes und zugleich hilflos wie ein Säugling, dankbar für jeden Atemzug und klagend über die Trennung, die zwischen Geburt und Tod liegt. Was die Literatur der Neuzeit eigentlich ausmacht, die Subjektivität, scheint bei Hölderlin völlig zu fehlen. Sicher, viel ist in seinen Dichtungen von Gefühlen die Rede, von Liebe, Begeisterung und Einsamkeit, aber wer darin lediglich persönliche Befindlichkeit erkennt, übersieht, daß das Ich in seinen Dichtungen ein Spiegel ist der ganzen, für ein heutiges Bewußtsein weitgehend untergegangenen, da geisterfüllten Welt.

Als ich es mit siebzehn, achtzehn Jahren das erste Mal mit Hölderlin versuchte, nahm ich an, daß er von den Göttern spricht, wie der Humanismus, die Aufklärung, der Idealismus und die Romantik eben von ihnen sprachen, als Sinnbildern der eigenen, also menschlichen Vorstellung, die von der christlichen oder überhaupt monotheistischen Religiosität unterschieden waren. Ich nahm an, niemand im achtzehnten, neunzehnten Jahrhundert glaube im Ernst noch an Zeus und Apollon, wenn sie bereits in den antiken Dramen allzu menschlich auftraten. Ich kam nicht weit bei der Lektüre, solange ich Hölderlins Gottheiten ebenfalls für Kunstfiguren hielt. Sein hoher Ton enervierte, die Lebenswirklichkeiten, die er schilderte, wirkten unwirklich und fremd; auf kaum einen Affekt stieß ich, der nicht übersteigert zu sein schien, und für die gesellschaftlichen Zustände, die für uns das entscheidende Thema waren, interessierten sich seine Dichtungen nur von fern. Schon gar nicht ließ sich die Liebe zu Diotima auf die eigene Verliebtheit beziehen, die mir kleinmütiger und schmutziger, echter und physischer vorkam. Zudem durchlief ich ein Schulsystem, das in der Folge von Achtundsechzig der humanistischen Bildung den Kampf angesagt hatte. Mit der griechischen Mythologie kaum vertraut, konnte ich die meisten Anspielungen allenfalls mit Hilfe eines Kommentars verstehen. Mehr als alles andere aber vermißte ich bei Hölderlin, um es in der damaligen Sprache zu sagen, auch nur einen geraden Satz.

Fast zwanzig Jahre später war es keine andere als D. E. Sattlers Frankfurter Ausgabe im Verlag Stroemfeld/Roter Stern, durch die ich wieder oder überhaupt erst zu Hölderlin fand. Paradoxerweise war sie ein originäres Produkt eben jener außerparlamentarischen Opposition, die meine Generation die humanistische Bildung gekostet hat, und stets gefiel mir das Bonmot Jürgen Habermas', daß diese zwanzig DIN A 4 großen, schon physisch unhandlichen Bände mit dem grasgrünen Pappeinband das bleibende Verdienst der Studentenbewegung gewesen seien – es wäre kein geringes. Sattler verwarf die Editionsgeschichte, die aus den verstreuten Notizen, ständigen Überarbeitungen und widersprüchlichen Fassungen stimmig wirkende Werke erstellt hatte, und machte Hölderlins Dichtungen Zettel für Zettel als Bruchstücke, Prozesse, Momente einer Suche kenntlich, die auch dort, wo sie bereits zu Lebzeiten zu abgeschlossenen Werken geführt hat, in ihren Vorstufen und Vorläufen nicht weniger relevant ist. Die «geraden» Sätze, deren Fehlen ich beklagt hatte, wären mir nun wie Lügen vorgekommen angesichts des Rätselcharakters der Welt, den Hölderlin in seinen verschlungenen Satzkonstruktionen, fortlaufenden Entwürfen und dem immer wieder stockenden Rhythmus einfängt.

Die strenge Chronologie der Frankfurter Ausgabe, die selbst Wäschelisten und Amtsbescheide unterschiedslos in die

Hymnen und Aufsätze streut, brachte es außerdem mit sich, daß Hölderlins Ton stets von den alltäglichen Belangen und Erfordernissen durchwirkt war. Zwischen den einzelnen Abschnitten und sogar Zeilen des *Hyperion* die Briefe an und von Suzette Gontard zu lesen, macht die Liebe zu Diotima ausreichend lebensecht. Die metaphysische Not erweist sich bis hin zu Hunger, Kälte und Lebensgefahr zugleich als überaus materiell. Die Heiterkeit der Turmgedichte wird um so beklemmender, wenn man zuvor Dokument für Dokument Hölderlins Weg in den Wahnsinn verfolgt hat. Noch in den hermetischsten, mit idealistischer Philosophie, pietistischer Mystik und griechischer Mythologie hochgerüsteten Texten hört man ein wirkliches, ja das fiebrigste Herz der deutschen Literatur pochen, das in sexueller Ekstase glüht oder auf dem Gewaltmarsch über die Alpen an vielhundert Meter tiefen Abgründen stockt. Wogegen ich mich sonst jederzeit sperren würde: ein Werk zu betrachten im Lichte der Autorenbiographie – ausgerechnet bei Hölderlin, der sich bewußt und erklärt die fremdesten, der eigenen Person fernsten Stoffe vornahm, dessen Sprache sich so weit wie im Deutschen nur irgend möglich vom alltäglichen Gebrauch abhob, dessen literarisches Ich jeden Anschein verwehrte, mit dem Autor identisch zu sein, ausgerechnet Hölderlins biographische Zeugnisse wurden zum Schlüssel der zweiten Lektüre, die an kein Ende mehr kommen wird. Diese Geistgestalt, dieses schwebende, ätherische Wesen, das immerfort «göttlich» und «himmlisch» stammelte – es war eben doch von dramatischer Realität.

Habe ich nicht eingangs behauptet, daß Hölderlins Dichtung gerade nicht subjektiv sei? Und nun soll Diotima doch «nur» Suzette Gontard sein, reduziert sich der Himmel auf

Erden auf Bad Driburg in Ostwestfalen, wo er die paar unbe-
schwerten Tage mit der Geliebten verbrachte, und beziehen
sich gar noch die Adler im *Patmos*, die im Finstern wohnen,
auf eine Wanderung durch die Schweiz? Das ist ein Wider-
spruch, ja. Aber ich glaube, daß es genau dieser Widerspruch
zwischen überfliegenden Gedanken und höchst irdischer Be-
drängnis ist, an dem sich die größte Explosion in der deut-
schen Literatur entzündet hat. In lediglich elf Jahren, zwi-
schen 1795 und 1806, nach seiner Zeit in Jena, wo er auf
seine Idole traf, die «klugen Rathgeber», um sich von ihnen
zu lösen, bis zum Ausbruch des Wahnsinns, ist in deutscher
Sprache das eine Werk entstanden, das in einer Reihe mit
den großen Offenbarungen der Welt steht. Denn was ist eine
Offenbarung? Es ist die Spiegelung der ganzen Welt an einem
bestimmten Punkt. Aber dieser Spiegel hat seine Splitter, der
hat seine Brüche und schwarzen Stellen, der ist nicht glatt,
und so reflektiert er in jedem seiner Bilder die Geldnot, den
Liebeshunger, die Existenzangst eines außergewöhnlich emp-
findsamen Bewußtseins. Hölderlins Dichtung ist nicht subjek-
tiv im Sinne der Bekenntnislyrik, sie ist transsubjektiv im
Sinne der Mystik. Der Abgrund, der sich auftut, ist metaphy-
sisch, aber kann auch ein ablehnender Brief von Schiller sein.
Wie die Propheten in der Wüste erlebt Hölderlin im Gebirge
das Gewitter als himmlischen Zorn, die sanfte Morgensonne
als Tröstung übers Sein. Und wie im Hohenlied ist seine Liebe
zur selben Zeit körperlich und religiös.

Also doch ein Prophet? Aus den Briefen, die in dieser Aus-
wahl breiten Raum einnehmen, weil sie vergleichsweise unbe-
kannt, aber kaum weniger originär als seine eigentlichen
Dichtungen sind – aus den Briefen spricht eine ganz und gar
menschliche Stimme über Bedrängnisse und Freuden, die je-

der von uns kennt. Na und? Als ob die Propheten keine Selbstzweifel, Darmerkrankungen oder Liebesnöte gehabt hätten. Im Christentum ist sogar Gott selbst Fleisch und Blut geworden. Je länger ich Hölderlin las, desto ferner rückte er wieder. Oder nein, er selbst blieb gegenwärtig, der junge Mensch, der seine Mutter durch Unterwürfigkeit in der Sicherheit wiegte, daß noch etwas Rechtes aus ihm werde, der Liebende, der vor dem Fenster der Geliebten die heimlich hingeworfenen Zettel auflas, der Dichter, den Goethe und Schiller verlachten, der Irre, der in der Zwangsjacke abgeführt wurde, der Alte in seinem Turm. Aber in seinen Dichtungen ab der Jenaer Zeit, wo er sich von den Größten seiner Zeit verkannt und zurückgesetzt fühlte, hörte ich immer deutlicher eine Stimme heraus, die eben nicht ganz von dieser Welt schien, unergründlich, auf überirdische Weise gefühllos, und, ja, schön. Es war, es ist eine Stimme, die nach eigenem Bekunden nicht einmal Hölderlin selbst ganz verstand, während er mitschrieb. Besonders in den späten Hymnen (die man spät nennt, obwohl er noch ein ganz junger Mensch war) kann man noch so viele Bedeutungen entdekken, erst recht wenn man die Kommentare hinzunimmt – immer, immer ist da ein Mehr, das nicht in Bedeutungen aufzulösen ist. Wo sie alle Form sprengt, Reim, Metrum, Rhythmus, Syntax, geht Hölderlins Sprache – es gibt für das Unbegriffliche, Unbegreifbare kein anderes Wort – über in Musik. Und mir wurde klar, daß die Götter, von denen er dauernd spricht, so real sind wie in einer Offenbarung und Jesus für ihn nicht nur der menschgewordene Gott war, sondern auch das Vorbild eines Menschen, der seine eigene Göttlichkeit entfaltet. Bis zur letzten Konsequenz des Ichverlusts spricht das Allgemeine durch Hölderlin hindurch.

Zur Auswahl

Ich wollte eine Auswahl aus dem gesamten Werk vorlegen, nicht nur aus den Gedichten, wie es üblich ist, denn gerade in der Unterschiedlichkeit ihrer Gattungen, Stilhöhen, Motivketten und Adressaten erhellen sich Hölderlins Texte wechselseitig. Die unweigerliche Folge war, daß ich jeweils nur kleine Ausschnitte aus Lyrik, Prosa, Drama, Philosophie sowie den Übersetzungen und den Briefen aufnehmen konnte. Als Kriterium hielt ich mich streng an die eigene Vorliebe, nichts anderes, die sich freilich von den Vorschlägen meines Freundes Carl Hegemann anregen ließ. Lediglich den einen äußeren Beweggrund gab es, daß die Ausgabe sich nicht auf die berühmtesten Gedichte und Passagen beschränken sollte, und so fielen wehen Herzens einige der langen Hymnen weg, weil sonst kein Platz geblieben wäre für viele kürzere Texte, die weniger vertraut und dennoch grandios sind. Außerdem habe ich mich bei jedem Gedicht für nur eine Fassung entschieden, selbst wenn die jeweils früheren oder späteren sehr anders und dabei kaum weniger lesenswert sind. Im Übrigen ist die Auswahl so subjektiv, wie Liebe nur sein darf.

Friedrich Hölderlin, geboren am 20. März 1770 in Lauffen am Neckar, studierte Theologie in Tübingen, wo er mit Hegel und Schelling befreundet war, hörte in Jena Vorlesungen bei Fichte, lernte Schiller, Goethe und Novalis kennen und begegnete als Hauslehrer seiner großen Liebe Susette Gontard. Seit 1806 galt er als wahnsinnig und verbrachte die zweite Hälfte seines Lebens in einer Tübinger Turmstube, wo er weiter dichtete und am 7. Juni 1843 starb.

Navid Kermani lebt als freier Schriftsteller in Köln. Für seine Romane, Reportagen und wissenschaftlichen Werke erhielt er unter anderem den Joseph-Breitbach-Preis, den Kleist-Preis sowie den Friedenspreis des Deutschen Buchhandels. Seine Sachbücher erscheinen bei C.H.Beck. Seine Frankfurter Poetikvorlesungen erschienen 2012 im Carl Hanser Verlag: «Über den Zufall. Jean Paul, Hölderlin und der Roman, den ich schreibe».